Johann Mayer, Johann A. Mayer

Sechs Abendandachten im Bürgerhospitale zu Speyer

Johann Mayer, Johann A. Mayer

Sechs Abendandachten im Bürgerhospitale zu Speyer

ISBN/EAN: 9783743379268

Hergestellt in Europa, USA, Kanada, Australien, Japan

Cover: Foto ©ninafisch / pixelio.de

Manufactured and distributed by brebook publishing software (www.brebook.com)

Johann Mayer, Johann A. Mayer

Sechs Abendandachten im Bürgerhospitale zu Speyer

Sechs Abendandachten

im

Burgerhospitale

zu Speyer

gehalten von

M. Johann Adam Mayer.

Nebst einer

getreuen Erzählung

derjenigen

Unfälle,

welche Speyer

während des dritten Aufenthaltes

der

französischen Truppen

betroffen haben.

Speyer,
gedruckt mit Kranzbühlerischen Schriften.
1794.

Vorbericht.

Mit dem Abzuge der kayserlichen Truppen aus unsrer Stadt und Gegend hörte bey uns sogleich alle öffentliche Gottesverehrung auf. Am zweeten Weihnachtsfeyertage des vorigen Jahres hielt ich die letzte Predigt und Tags darauf die letzte Betstunde. Bey drey Wochen konnte an gar keine gemeinschaftliche Geistesunterhaltung gedacht werden. Alles seufzete nach Trost und wünschte wieder einmal eine geistliche Rede hören und ein Lied in Gemeinschaft mit andern Mitchristen singen zu können. Ich entschloß mich, alle Sonntage und Donnerstage eine Rede in unserm Burgerhospitale zu halten. Ich wählte dazu die stillen Stunden des Abends von halb sieben bis halb acht Uhr. Als dies in der Stadt bekannt wurde, versammelte sich eine so große Menge von Zuhörern aus allen drey christlichen Religionspartheyen, daß die drey an einander stoßenden Speisestuben sie nicht faſ-

Vorbericht.

faſſen konnten. Viele mußten in dem Hausgange und auf der Treppen ſtehen bleiben. Es herrſchte eine allgemeine Stille und man ſahe es auf dem Geſichte eines jeden, wie es ſeiner Seele um Tröſte bange war. Mit der gröſten Wehmuth des Herzens vernahm es daher ein Jeder, daß auch dieſer einzige Troſt uns vom Oſterfeſte an geraubt ſeyn ſollte. Der Stadtkommandant ließ mich nämlich auf jenen Tag bedrohen, daß, wenn ich mich fernerhin unterſtehen würde, Predigten oder ſonſt etwas dergleichen zu halten, er mich gefänglich einziehen und ſogleich nach Landau ſchicken wolle. Meine letzte Rede habe ich am Charfreytage gehalten. Zum heilſamen Andenken für meine Gemeinde habe ich ſechs derſelben dem Drucke übergeben. Vielleicht erbaut ſich aus denſelben auch ein anderer Chriſt und hat Mitleiden mit uns in unſerm Elende. Gott gebe allen meinen Leſern Ruhe und Frieden!

Speyer, am 25ſten May, 1794.

Der Verfaſſer.

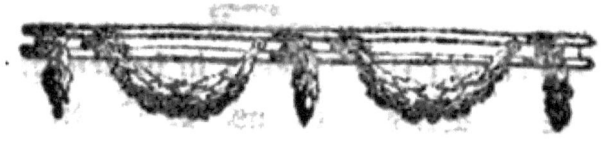

Die erste Abendandacht.

Gesang:
Befiehl du deine Wege ꝛc.

Großer und erhabener Gott, du bist der rechte Vater über alles, was da Kinder heißet im Himmel und auf Erden, auch wir sind deine Kinder. Groß ist dein Name in allen Landen, alle deine erhabenen Eigenschaften sind herrlich und ehrwürdig. Anbetung und Dank, Preis und Ehre, Ruhm und Macht gebühret dir von nun an bis in Ewigkeit. Du herrschest in aller Welt — o laß uns alle an den Vortheilen deines Reiches den gesegnetesten Antheil nehmen; laß uns Gerechtigkeit und Friede und Freude in dem heiligen Geiste genießen. Schenke uns Gnade von Oben, daß wir deine Befehle eben so bereitwillig und freudig ausrichten,

ten, als es die seeligen Geister in deinen Himmeln thun. Wirke du in uns das Wollen und das Vollbringen nach deinem Wohlgefallen. Gieb uns alle Tage unsers Lebens, was wir zu unsrer Erhaltung nöthig haben. Verbanne aus unserm Gemüthe alle ängstliche Sorgen; laß uns nicht in zu große Armuth und Dürftigkeit gerathen; erhöre die Seufzer der Armen um Brod und Lebensunterhalt und gib uns fernerhin täglich, was wir täglich bedürfen. Verzeihe uns nur vor allen Dingen unsere Sünden, womit wir Dich bisjetzt beleidiget haben. Ach wir haben uns oft und viel an Dir versündiget; handele nicht mit uns, wie wir es wohl verdient hätten. Züchtige uns, doch mit Maßen und nicht nach der Strenge des Rechtes; reibe uns nur nicht gar auf. Wir können es vor Dir, Allwissender! nicht verheelen, daß wir insgesamt gar oft unsre Pflichten versäumt haben; daß unsre Tugend und Gerechtigkeit sehr fehlerhaft ist und daß wir es verdienten, daß uns die traurigen Folgen unsrer Uebertrettungen träfen. Aber Du willst nicht den Untergang deiner Kinder; o darum, liebreicher Vater in dem Himmel! vergib auch uns und erlaß uns unsre Schulden; schone deines Volkes und gib uns allen bereitwillige Herzen, auch

un=

unsern Feinden, Verfolgern und Bedrängern alle das Uebel und Unrecht, womit sie uns belegen, zu verzeihen. Die Versuchungen, in die wir bisjetzt gerathen sind, sind hart; fast können wir sie nicht mehr ertragen; doch wir wollen nicht über deine väterliche Züchtigungen murren; nur dies Einzige flehen wir von Dir, laß uns nicht über unsre Kräfte und über unser Vermögen versucht werden, laß vielmehr jede Versuchung solch ein Ende gewinnen, daß wir sie ertragen können. Beseele uns alle mit der Hofnung besserer Zeiten; stärk unser Vertrauen auf dich und deine allmächtige Hülfe; mache uns klug und weise, um die Gefahren, die uns betroffen haben, glücklich zu überwinden; erhalte uns unsre christliche Freyheit und laß uns nichts die erkannte Wahrheit und das Evangelium Jesu Christi rauben. Durch deinen Sohn sind wir von den fürchterlichsten Feinden erlöst — Herr, erlöse uns und die ganze leidende Menschheit durch ihn von allen Uebeln; befreye uns von den Drangsalen dieses Lebens; nimm die Lasten, die uns drücken, von unsern Häuptern hinweg; laß uns nicht ganz unter den verderblichen Folgen des Krieges erliegen; erhör unsre Seufzer um den edlen Frieden; steure dem häufigen Blutvergießen; erleichtere uns den Kummer unsrer traurenden Herzen; schaffe uns Freunde, die uns mit Troste aufrichten und erquicken; ja tröste uns selbst alle mit deiner göttlichen Hülfe und dein freudiger Geist erhalte auch uns. Mach uns ganz von der Herrschaft der Sünde frey; stehe uns in dem letzten Augenblicke unsers Lebens allmächtig bey und nimm einst unsre Seele auf in deine treuen Vatershände. Du herrschest, Herr, allmächtiger Gott und unser aller Vater! von Ewigkeit zu Ewigkeit; was Du willst, geschieht und wenn Du gebeutst, so stehst es da; alle deine Schickungen sind wunderbar und deine Wege unerforschlich und unbegreiflich! Wir verlassen uns ganz allein auf Dich und sprechen, in getroster Hoffnung, daß Du diese unsre Wünsche erhören werdest, fröhlich: Amen! Ja, ja, so geschehe es! Amen!!

Theuresten Freunde und Freundinnen!

Wir haben uns an diesem Abende in diesem Stiftungshauße versammelt, um darinnen gemeinschaftlich unsern Gott zu verehren und anzubeten; uns in der Noth, die uns und unsere Stadt und Gegend betroffen hat, mit

Got-

Gottes Worte zu trösten und unsern niedergebeugten Geist zu erquicken und aufzurichten. Hört, was ich Euch zu dem Ende aus Pauli Munde zurufe:

> Schicket Euch in die Zeit; seyd fröhlich in Hoffnung; geduldig in Trübsal; haltet an am Gebethe. Röm. 12, 11 und 12.

Im ganzen Leben der Menschen, meine Geliebtesten! sieht man es, daß derjenige, welcher sich in die Lage und Umstände, in welche ihn Gott und seine weise Vorsehung gesetzt hat, zu schicken weis, am besten durch die Welt kommt. Man sollte daher glauben, es wäre keine Vorschrift in der Religion Jesu überflüßiger als die: Schicket Euch in die Zeit. Allein die Erfahrung lehrt es uns, daß sie sehr nothwendig sey und daß sie von den Christen nicht oft und sorgfältig genug könne überdacht werden. Nur die wenigsten von denen, die da leiden, wissen sich in ihre Lage recht zu finden und es wird daher nicht ohne Nutzen seyn, wenn wir uns kürzlich an unser Verhalten erinnern.

Armuth, Mangel, Dürftigkeit und Hunger gehören zuverläßig zu der ersten Gattung der menschlichen Leiden und Widerwärtigkeiten. Personen, welche die Klagen gegenwärtig unter uns führen müssen: was werde ich essen, was trinken, wovon mich und die Meinigen kleiden; wie werden wir den Winter herumbringen; wodurch uns vor Kälte und Frost schützen und uns die Nothwendigkeiten dieses Lebens herbeyschaffen? verdienen gewiß das Mitleiden eines jeden wahren Menschenfreundes. Euch, die Ihr unter meinen Zuhörern noch Kräfte habt, jenen Nothleidenden zu helfen, fordere ich hiemit auf, es auch zu thun. Nehmt Euch der wahren Armen an; sucht ihnen durch Wohlthun ihre heranwachsende größere Noth zu erleichtern und seyd barmherzig, wie Euer Vater im Himmel es auch gegen Euch ist. Wer sich des Armen erbarmet, der leihet ja dem Herrn und der wird ihm wieder Gutes dafür vergelten. Der Herr wird ihn erquicken zur bösen Zeit. Wenn eine Plage kommt, fürchtet sich der Barmherzige nicht; sein Herz hoffet unverzagt auf den Herrn; er ist getrost und fürchtet sich nicht. Der Herr wird ihn bewahren und am Leben erhalten und es ihm lassen wohlgehen auf Erden und nicht geben in seiner Feinde Willen. Ps. 41 und 112.

Wer aber arm unter uns ist und wirklich mit Mangel, Dürftigkeit und Hunger zu kämpfen hat, der sey weise und klug und schicke sich

sich in die Zeit. Jene Wohlthaten, die man aus den Händen der Reichern empfängt, muß man zweckmäßig zu seinem nothdürftigsten Lebensunterhalt und zur Milderung und Abwendung eines noch drückendern Mangels anwenden; man muß sparsam damit umgehen und alles recht wohl zu Rathe zu halten suchen; man muß keine Ausgabe machen, die nicht durchaus nothwendig und unentbehrlich ist und stets sorgfältig bey sich überlegen, wie man schlecht und gerecht, redlich und ehrlich sich durch diese trauervollen Lebenstage hindurcharbeitet. Wer sich so in die Zeit schickt, dem wirds dann, wenn er auch kärglich leben muß, nicht ganz fehlen; er wird stets so vieles finden, als er zur nothdürftigen Erhaltung braucht. Habt ihr je Mangel gehabt, fragte einst Jesus seine Jünger — und sie mußten ihm antworten: Herr! nie keinen! So, meine Freunde! wird uns Gott, der Allgütige und Allbarmherzige, auch nicht ganz dem Mangel unterliegen lassen; wir werden nicht umsonst nach Brod zu ihm schreyen. Der Herr hört ja das Seufzen der Elenden und unser Herz darf gewiß seyn, daß Gottes Ohr auf unser Gebeth merkt.

In unsrer Stadt und Gegend herrschen heftige und ansteckende Seuchen; viele unsrer

Mit-

Mitbürger und Mitbürgerinnen hat schon der Tod dahin gerafft. Wir, die wir noch gesund sind, wollen uns auch in diesem Stücke in die Zeit schicken. Entfernt, meine Theuresten! alles von Euch, was Euch Eure Gesundheit rauben könnte; überlaßt Euch keinen zu ängstlichen Sorgen und keinem zu starken Kummer und Gram Eures Herzens. Die Traurigkeit tödtet viele Leute und dienet doch nirgends zu; des Herzenstraurigkeit schwächet die Kräfte. Laß daher die Traurigkeit aus deinem Herzen; schlage sie von dir und thue das Uebel von deinem Leibe.

    Gott läßt durch Sorg und Grämen,
    Durch selbst gemachte Pein,
    Sich keine Wohlthat nehmen:
    Sie muß erbeten seyn.

Reinlichkeit, Vorsichtigkeit und Mäßigkeit sind Mittel zur Erhaltung der Gesundheit; laßt uns daher auch dieselben gebrauchen; laßt uns fleißig aus unsrer Stadt und aus unsern Wohnungen alles das hinwegschaffen, was unreine Dünste erzeugen und die Krankheiten vermehren könnte; laßt uns Gott täglich um die Erhaltung der Gesundheit, des besten und edelsten Kleinods, das wir in gegenwärtigen trübseeligen Tagen haben können, anflehen und ihn bitten, daß er unsern kranken Mitbrüdern und
                                                  Mit=

Mitſchweſtern beyſtehen und uns vor größerer Gefahr bewahren wolle.

Die Laſten des Kriegs, die uns gegenwärtig drücken, ſind wohl die härteſten. Auch darein wollen wir uns ſchicken, meine Freunde! Der Herr hat weiſe Urſachen, warum er uns in dieſes Leiden hat gerathen laſſen. Gott iſt ein gerechter Richter und ein Gott, der täglich dräuet. Will man ſich nicht bekehren: ſo hat er ſein Schwerdt gewetzet und ſeinen Bogen geſpannet und zielet und hat darauf gelegt tödtliche Geſchoß; ſeine Pfeile hat er zugerichtet zum Verderben. Pſ. 7, 12. 13 und 14. O laßt uns in die Hände des Allmächtigen fallen; laßt uns ihn anflehen, um Vorſicht in den Kriegsgefahren, um Faſſung in unerwarteten Ereigniſſen, um Standhaftigkeit zur glücklichen Beſiegung jenes Elendes, das der Krieg unvermeidlich mit ſich führt und um ruhiges Harren auf ſeine allmächtige Hülfe. Der Herr flöße den Siegern Mäßigung im Glücke des Sieges und den Beſiegten im Unglücke, Muth und Vertrauen ein!

 Um Erbarmen flehen wir!
 Um Erbarmen Gott, zu dir!
 Ach des Krieges Flammen glühn!
 Friede, Luſt und Seegen fliehn!
 Hör uns, rett uns! hilf o Gott!
 Hilf, denn allenthalben droht

Uns Verwüstung, Schwerdt und Tod;
Denk an uns in Gnad und Huld;
Nicht an unsrer Laster Schuld!
Rett uns bald und gib Gedult!

Seyd fröhlich in Hofnung! Dies, meine Zuhörer! ist die zwote Regel, die Paulus den leidenden Christen ertheilt. Um die Hofnung ist es eine ausserordentlich erfreuliche Sache zur Zeit der Trübsal. Belebte uns sie nicht — wir wären längst nicht mehr; in unserm Elende würden wir schon vergangen und in unserm Kummer verschmachtet seyn. Aber so hoffen wir immer von einer Morgenwache zu der andern, daß es mit uns wieder besser werde. Ohne diese Hofnung würde uns unsre jetzige Trübsal unerträglich seyn. Dürften sich es unsre kranken Mitchristen nicht einmal beyfallen lassen, daß ihre Krankheit und die Schmerzen ihres Leibes mit der Zeit ein Ende nehmen und daß sie wieder genesen könnten: so würden sie aus aller Fassung herauskommen und ihren Schmerzen unterliegen! Dürften wir nicht hoffen, daß unserm Mangel wieder abgeholfen und dem verderblichen Kriege könnte gesteuert werden: so müßten wir trostlos verzagen. Aber so wie wir zur jetzigen Winterzeit auf ein erfreuliches Frühjahr und beym anhaltenden Regen auf angenehmen Sonnenschein hoffen,
eben

eben so erwarten wir es auch bey unsern schweren Leiden, daß es besser mit uns werden wird. Zudem ist ja die Hofnung des Christen nicht blos allein auf das Zeitliche und Irrdische hingerichtet. Er setzt vielmehr ein uneingeschränktes Vertrauen auf die Macht, Weisheit, Güte und Treue seines Gottes. Da stellt er sich dann öfters die Erhabenheit dessen, der Himmel und Erde und alle Dinge erfüllet, der alles erhält und dem die ganze Natur zu Gebote steht, im Geiste vor und dieses Andenken erleichtert ihm seine Noth. Mit David ruft er da aus: Gelobet sey der Herr täglich; denn er leget uns eine Last auf; aber er hilft uns auch. Wir haben einen Gott, der da hilft und den Herrn Herrn, der vom Tode errettet. Der Herr ist meine Zuversicht, mein Fels und meine Burg, der Gott meines Heils. Wenn ich auch gleich wandere durchs finstere Thal, fürchte ich kein Unglück; denn Du bist bey mir, dein Stecken und Stab tröstet mich. Der Herr ist mein Hirte, mir wird nichts mangeln. Er weidet mich auf einer grünen Au und führet mich zum frischen Wasser; er erquicket meine Seele. Gutes und Barmherzigkeit werden mir folgen all mein Lebenlang. Je bedenklicher die Leiden werden, desto mehr erinnert man sich

an

an die Weisheit seines Gottes, die tausend Mittel und Wege weis, das, was geschieht, zum Besten seiner Geschöpfe zu lenken. Die Hofnung, die wir auf Gott setzen, erzeugt dann in uns den Gedanken: O welch eine Tiefe des Reichthums, beyde der Weisheit und Erkenntniß Gottes! Wie gar unbegreiflich sind seine Gerichte und unerforschlich seine Wege. Denn wer hat des Herrn Sinn erkannt? Oder wer ist sein Rathgeber gewesen? Oder wer hat ihm etwas zuvor gegeben, das ihm werde wieder vergolten? Denn von ihm und durch ihn und in ihm sind alle Dinge. Ihm sey Ehre in Ewigkeit. Gottes Wege sind nicht der Menschen Wege und des Herrn Gedanken nicht der Menschen Gedanken. Aber er führt doch alles herrlich hinaus. Er hat es ja verheissen: ich will dich nicht verlassen, noch versäumen; ich bin bey dir in der Noth, ich will dich herausreißen und dir mein Heil zeigen. Berge sollen weichen und Hügel hinfallen; aber meine Gnade soll nicht von dir weichen und der Bund des Friedens soll nicht hinfallen; so spricht der Herr dein Erbarmer. O das Leiden der Zeit ist nicht werth der Herrlichkeit, die an uns soll offenbar gemacht werden!

In dieser Hofnung ist dann der Christ fröh=

fröhlich. Es hält zwar schwer, zur Zeit der Leiden fröhlich zu seyn; allein doch nicht so schwer, als es sich manche vorzustellen pflegen. Wer nur ein kindliches Vertrauen zu Gott hat, wird leicht mit dieser Freudigkeit erfüllt werden können. Denn, meine Theuersten! welche Ruhe muß nicht der leidende Christ empfinden, der, wie das Kind zu seinem Vater, und wie ein Freund zu seinem Freunde, zu seinem Gott fliehen kann? Zu glauben, daß unser himmlische Vater alle seine Zusagen auch an uns unter den Leiden erfüllen werde; überzeugt zu seyn, daß das dermal uns drückende Uebel, unsere Armuth, die Krankheiten, die unter uns herrschen, die Noth unserer Familie, der schwere Krieg, der uns drückt, durch Gottes Beystand uns nicht nur allein erträglich gemacht; sondern auch zur rechten Zeit und Stunde ganz aufhören werden — dies belebt unsern Muth, schenkt unsrer Seele Heiterkeit und Ruhe und vermindert die Last der Bekümmernisse und Schmerzen. Da befiehlt man mit ruhigem Geiste dem Herrn seine Wege und hoft auf ihn, mit der frohen Ueberzeugung: er werde es wohl machen! Getrost hebt man seine Augen auf zu den Höhen, von welchen Hülfe kommt: man sagt mit freudigem Gemüthe: auch meine Hülfe wird

wird kommen vom Herrn, der Himmel und Erde gemacht hat.

Diese fröhliche Hofnung, die den Christen zur Zeit der Leiden beseelt, macht ihn auch geduldig. Paulus sagt daher: seyd geduldig in Trübsal. Was die Gedult sey, wissen wir wohl alle; aber vielen fehlt es an der Ausübung dieser so schönen christlichen Tugend. Wir sollen nicht ganz unempfindlich, nicht taub und fühllos im Leiden seyn. Unsre Natur, meine Geliebten! ist einmal so eingerichtet, daß Krankheiten, Schmerzen, Mangel, Dürftigkeit, Armuth und Verlust zeitlicher Güter auf sie wirken und unserm Fleische wehe thun. Wir sollen die züchtigende Hand unsers Gottes fühlen, den Schmerzen empfinden und die Leiden, welche uns zustoßen, für das ansehen, was sie sind; aber wir sollen nur nicht darüber murren, ungedultig und kleinmüthig seyn und denen gleich werden, denen keine Hofnung zu bessern Aussichten aufbewahret ist. Der leidende Christ siehet auf Jesum hin. So wie sein Erlöser das Kreutz gelassen erduldete, so erduldet er es auch; so wie er der Schmach nicht achtete, achtet er derselben auch nicht. Willig und gelassen nimmt er das Kreutz Jesu auf sich und folgt seinem großen Vorgänger nach. Das
Ver-

Verhalten und die Bitte Jesu am Oelberge ist auch sein Verhalten und seine Bitte: Abba, mein Vater! ists möglich, so überhebe mich des Kelches der Leiden. Doch nicht mein, sondern dein Wille geschehe. Er faßt seine Seele in Gedult und hoft auf die Hülfe des Allmächtigen. Denen, die Gott lieben, müssen alle Dinge zum Besten gereichen. Da sorgt man dann nicht ängstlich für sein Leben; der Vater im Himmel weis, was wir bedürfen. Es ist ein grosser Gewinn, wer gottseelig ist und lässet ihm genügen; wir haben nichts in die Welt gebracht; darum offenbar ist, wir werden auch nichts mit hinausnehmen. Wenn wir nur Nahrung und Kleidung haben: so laßt uns begnügen.

Endlich, meine Freunde und Freundinnen! sollen wir auch im Gebethe anhalten. Jene nützliche und heilvolle Beschäftigung und Unterhaltung mit Gott, die man das Gebeth zu nennen pflegt, ist zu keiner Zeit nützlicher und nothwendiger, als wenn die Widerwärtigkeiten unsern Geist niederdrücken und ihn die Erwartung noch empfindlicherer Uebel beunruhigt. Da können wir zur Erleichterung unsers Herzens und zur Erweckung einer guten Hofnung auf die Zukunft gewiß nichts besseres thun, als beten. In Jesu Namen wollen wir auch jetzt zum

Herrn

Herrn seufzen: Herr, hilf uns, ehe wir verderben; laß dein freundliches Antlitz über uns leuchten, auf daß wir genesen. Gott meines Heils, hilf uns um deines Namens willen und errette uns um deiner Güte und Treue willen. Verlaß uns nicht, eile uns beyzustehen und sey und bleibe unsre Hülfe! In diesen und ähnlichen Gebethen wollen wir gegenwärtig anhalten und nicht eher ablassen, bis sie zu den Wolken gedrungen haben. Des Gerechten Gebeth vermag ja viel, wenn es ernstlich ist. Dadurch werden wir denn auch Gott und seine Güte, die er uns in den gegenwärtigen harten Tagen erweißt, um so mehr erkennen lernen und unsre Liebe wird dadurch entzündet und vermehret werden. Das Gefühl der Leiden selbst wird sich in uns verringern; wir werden gleichsam dasselbe vergessen und in dem Umgange mit Gott mit bessern Gütern, als die Welt geben kann, genähret werden; unser Herz wird nach und nach ganz zum Himmel erhoben; wir lassen die Leiden und Trübsale hinter uns zurücke und setzen unser Gemüth in eine solche Fassung, daß es seinen Kummer kaum mehr fühlt. Wer im Gebethe anhält, bekommt Ruhe und Labsal für seine Seele; alle Vorwürfe des Gewissens verschwinden und die Zukunft hat für den betenden

den leidenden Christen nichts fürchterliches mehr. Der Herr, spricht er, wird mich erlösen von allem Uebel und mir aushelfen zu seinem himmlischen Reiche. Ihm sey Ehre und Gewalt von Ewigkeit zu Ewigkeit!

Nun so wollen dann auch wir, meine Freunde! uns in unser jetziges Leiden christlich groß schicken; wir wollen fröhlich der Hülfe unsers Gottes harren; ohne Murren ihm geduldig stille halten und stets heilige Hände zu ihm empor heben. Der Herr wird uns dann auch erretten und Hülfe aus seinem Heiligthum senden.

Was Gott thut, das ist wohl gethan,
Gerecht bleibt stets sein Wille;
Auch nimmt er sich des Elends an
Und schenkt der Freuden Fülle.
In jeder Noth,
Selbst nah am Tod,
Weis er uns zu erhalten.
Ihn, ihn nur laß ich walten.

Was Gott thut, das ist wohl gethan,
Das soll mein Trost stets bleiben;
Es droh mich auch auf rauher Bahn
Das Elend aufzureiben,
Mein Gott wird mich
Doch väterlich
Im bängsten Sturm erhalten.
Ihn, ihn nur laß ich walten. Amen!

Die zwote Abendandacht.

Gesang:
In allen meinen Thaten 2c.

Herr, der du das Gebeth und Flehen der Deinen gerne erhöreſt — auch wir liegen hier vor dir mit unſerm Gebethe; nicht auf unſre Gerechtigkeit, ſondern auf deine große Güte, Gnade und Barmherzigkeit. Erhöre das Seufzen unſers Herzens und neige deine Ohren auf unſer Gebeth. Ohne dich wären wir ja ohnehin ſchon in unſerm Elende vergangen; aber deine Gnade iſt es, daß wir nicht gar aus ſind und deine Barmherzigkeit hat noch kein Ende; ſondern ſie iſt alle Morgen neu und deine Treue iſt auch an dem heutigen Abende unter uns groß. So oft haſt du ſchon unſer Gebeth gnädiglich erhört; die Urſachen unſrer Bekümmerniſſe aus unſerm traurenden Herzen hinweggenommen und unſern

Geiſt

Geist mit Ruhe und Hofnung erfüllt. Laß uns auch heute nicht ungetröstet von deinem Angesichte hinweggehen. Verwirf uns nicht, erquicke uns vielmehr mit deiner göttlichen Hülfe und dein freudiger Geist erhalte auch uns. Erbarme dich unserer um deines Sohnes willen, wenn uns unsre Sünden deiner Gnade unwürdig machen. Nimm dich unsrer in der gegenwärtigen betrübten Lage, in die wir gewiß nicht ohne deine weise Absichten und gnädige Zulassung gerathen sind, väterlich und liebreich an. Menschenhülfe ist ohne deine Hülfe kein nütze; o darum eile uns beyzustehen und sey, Herr, unsre Hülfe. Wer sich mit kindlichem Herzen auf dich verläßt, soll nicht verlassen werden — ach wir trauen auf deine theuren Zusagen und hoffen, du werdest uns auch in unsrer jetzigen schweren Noth nicht verlassen. Erbarme dich unserer und aller unsrer bedrängten Mitbrüder; lindere den Kranken in unsrer Stadt ihre Schmerzen; laß die unter uns herrschende Seuche nicht noch heftiger um sich greifen und bewahre uns vor größerm Ungemach und Leiden. Steck ein das Schwerdt, das uns ganz aufreiben und verzehren könnte; endige das viele Blutvergießen der Menschen und stille den Hunger derer, die nach Brod und Lebensunterhalt schreyen.

Auf dich, Herr, sind wir geworfen von unsrer ersten Kindheit an, du bist unser Trost; ach erhöre jetzt und allezeit unser Gebeth und sey uns um Jesu willen gnädig und barmherzig. Amen!

Unter immer größer werdenden Sorgen und herzangreifendern Bekümmernissen haben wir, meine geliebtesten Zuhörer! auch den heutigen Abend erreicht. Schon öfters haben wir uns in diesen unsern Abendandachten mit Gottes Worte zu trösten und zu erquicken gesucht. Der Herr lege seinen Seegen auf meine jetzige Bemühung, damit es auch dermalen geschehe. Zu unsrer aller Belehrung und Aufmunterung erinnere ich Euch an die Worte des Propheten:

Nahum 1, 7.
Der Herr ist gütig und eine Veste zur Zeit der Noth und kennet die, so auf ihn trauen.

In diesen wenigen Worten, meine Theuresten! ist ein großer Trost für alle Menschen, die zur Zeit der Noth auf den Herrn trauen, enthalten. Zeiten der Noth nennt man mit Recht alle jene unangenehmen Tage und Stunden des menschlichen Lebens, da man mit Leiden und Trübsalen, mit Kreutz und Widerwärtigſigkeiten umgeben und beſchweret iſt. Daß wir nach der weiſen Vorſehung unſers Gottes in dergleichen harte und trübſeeligen Tage gerathen ſind, fühlt jetzt ein jedes unter uns. Nicht blos in der Hütte des Armen; nein, auch in den Wohnungen der Reichern hört man gegenwärtig die Klage: der elenden Tage und Nächte werden unſrer viele; wir harren auf beſſere Zeiten; aber unſre Hülfe iſt ferne; Gott ſcheint uns faſt ganz vergeſſen und verſtoßen zu haben. Es iſt doch ein elend jammervoll Ding um das Leben der Menſchen; da iſt immer Furcht und Hofnung und zuletzt der Tod; der Menſch muß im Streite ſeyn auf Erden und ſeine Tage ſind gleich den Tagen eines Tagelöhners. Der Menſch, vom Weibe gebohren, iſt voller Unruhe.

Daß dieſe Klage bey den meiſten unter uns nicht ganz übertrieben ſey, darf ich mit Grunde der Wahrheit bezeugen. Ach ich kenne die Noth gar vieler unter uns und weis ihre Bedürfniſſe und o, daß ich im Stande wäre, allemal ſo zu helfen, wie es mein Herz wünſcht. Ich thue, was ich kann; ich tröſte mit Gottes Worte und weiſe auf die göttliche Vorſehung hin — das übrige empfehle ich dem, der alles wohl und gut zu machen weis und alles herrlich hinausführt. Jetzt aber komme ich der Erklärung meines Hauptsatzes näher.

Die gröſte Noth, welche je einen Menschen treffen kann, ist die des Herzens. Denn was könnte uns wohl, meine Freunde und Freundinnen! härter drücken und beschweren, als die Noth der Sünde? Die Sünde ist und bleibt ja das Verderben der Leute; sie scheidet uns und unsern Gott von einander und verursacht uns manches Leiden. Da ist Unruhe der Seelen und Angst des Gewissens. Mit Kain ist der Sünder unstät und flüchtig und ruft in der Beklemmung und Verwirrung seines Herzens aus: meine Sünde ist gröſer, als daſs sie mir könnte vergeben werden. Mit David fühlt man da die schwere Hand des Herrn; die Gebeine sind erschrocken und ganz entkräftet und die Seele ist schwach und voller Bestürzung; die Gestalt verfällt und allenthalben ist Angst und Schrecken. Deine Pfeile stecken in mir und deine Hand drücket mich. Meine Sünden gehen über mein Haupt, wie eine schwere Last sind sie mir zu schwer worden. Ich heule vor Unruhe meines Herzens. Herr, vor dir ist alle meine Begierde und mein Seufzen ist dir nicht verborgen. So, meine Geliebten! so klagt man mit David aus dem 6ten 32. 38 und 51.

51gften Pfalm. In dieſer großen Angſt des Herzens ruft man dann zu Gott: führe mich, Herr, aus meinen Nöthen; ſiehe an meinen Jammer und mein Elend und vergib mir alle meine Sünden. Möchten doch die traurigen Auftritte, die wir hier täglich erleben, ein jedes unter uns ermuntern, auch über ſein Sündenelend nachzuſinnen und Gott um Vergebung aller ſeiner Miſſethaten und Uebertretungen anzuflehen! Laßt uns mit wahrer Ueberzeugung ſprechen:

  Wir fallen nun in deine Arme,
 O Vater der Barmherzigkeit!
 Und flehen demuthsvoll: erbarme
 Dich über uns zur böſen Zeit!
 Laß Gnade nur für Recht ergehn,
 So bleiben wir noch aufrecht ſtehn.

  Steck ein das Schwerdt, das uns
    ſoll freſſen;
 Den Würger laß vorüber gehn!
 Laß uns das Brod im Frieden eſſen;
 Laß bald den Krieg vorüber gehn!
 Du willſt den Tod der Sünder nicht.
 Ach geh nicht, Vater! ins Gericht.

Aus der Noth der Sünden entſteht alles übrige Elend und Ungemach, als Krankheiten, Theurung und Krieg. Wie mancher Bewohner unſrer Stadt winſelt nicht gegenwärtig auf ſeinem Siechbette und ſehnt ſich umſonſt nach Hülfe und Errettung? Wahrlich, meine Theu-

Theuersten! die Noth ist nicht geringe! Den Arzt, der in unsern Mauern zurückgeblieben ist, hat der unerbittliche Tod dahin geraft; zween unsrer Wundärzte hat ein gleiches Loos getroffen. Mir blutet das Herz, wenn ich am Krankenbette meiner leidenden Mitbrüder sehen und erfahren muß, daß allenthalben Mangel und Noth entsteht. Schon fehlt es selbst an den nöthigen Arzneymitteln und gerade an denjenigen, die bey der vermaligen Seuche die unentbehrlichsten sind, ist der größte Mangel. Wir haben keine Außsicht vor uns, uns dieselben herbeyzuschaffen. Väter und Mütter sterben von ihren Kindern hinweg und die zurückbleibenden Freunde und Anverwandten wissen nicht, wie sie die armen Waisen versorgen und woher sie ihnen Brod und Lebensunterhalt verschaffen sollen. Fast durchgängig fängt man an zu klagen: was werden wir künftig essen und trinken, worein werden wir uns kleiden und wodurch unsere Familien ernähren? Der Vorrath geht zusammen; kein Geld ist zu verdienen; die Unterstützung der Armen und Nothleidenden, die sonst von den milden Wohlthaten gelebt haben, hört auf: alles — alles läßt uns nichts als eine bange Zukunft erwarten. Jeder Tag bringt eine neue Plage. Da ist immer

mer Furcht, Angst und Schrecken; kaum daß wir dieses Leiden überstanden haben, bricht schon wieder ein neues und meistentheils gröseres aus. Oft wechseln alle Stunden und Augenblicke andere Bekümmernisse und Sorgen mit einander ab. Wessen sollen wir uns nun da trösten, meine Theuersten? worauf sollen wir uns verlassen? Der Prophet beantwortet uns diese Frage im Texte. Der Herr ist gütig, spricht er, und eine Veste zur Zeit der Noth und kennet die, so auf ihn trauen.

Auf den Herrn sollen wir uns also verlassen. Und wo wollten wir uns wohl besser in unsern Leiden hinwenden, um den nöthigen Trost und Beystand zu finden, als eben zu unserm Gott? Er ist ja jener allmächtige Herr, der weit mehr thun kann als wir Menschen bitten und verstehen; er ist reich von Rath und stark von That; unbegreiflich in seinen Gerichten und unerforschlich in seinen Wegen; er läßt uns nicht versucht werden über unsre Kräfte; er will sich unsrer erbarmen, wie sich ein Vater über seine Kinder erbarmet. Ihm, diesem allmächtigen, allgütigen und allein weisen Herrn, wollen wir dann auch vertrauen. Verflucht ist ja der Mann, der sich auf Menschen verläßt und der Fleisch für seinen Arm hält und vermit seinem Herzen vom Herrn weichet. Geseegnet aber ist der Mann, der sich auf den Herrn verläßt und dessen Zuversicht der Herr ist. Der ist wie ein Baum am Wasser gepflanzet und am Bache gewurzelt. Denn obgleich eine Hitze kommt, fürchtet er sich doch nicht; sondern seine Blätter bleiben grüne, und sorget nicht, wenn ein dürres Jahr kommt; sondern er bringet ohne Aufhören Früchte. Jerem. 17, 5 — 8. Laßt uns deßhalb auch auf Gott trauen. Sollten wir etwa nach Gottes weiser Zulassung noch krank werden: so wollen wir die Rettungsmittel gebrauchen, so viel und so gut als es jetzt möglich ist und den Seegen davon von Gott erwarten. Keines müsse sich in der nunmehrigen theuren Zeit durch Diebstahl und Ungerechtigkeit an Gott versündigen; der Krieg müsse uns bessern und nicht, wie man leider von vielen hört, zu neuen Sünden fortreißen. Wer bey Fleiß, Sparsamkeit und Gottesfurcht sich auf den Herrn verläßt, wird nicht ganz zu Grunde gehen.

Solch ein vestes Vertrauen können wir, meine Geliebten! um so mehr auf Gott setzen, da er gütig und eine Veste zur Zeit der Noth ist und diejenigen, die auf ihn trauen, kennet. Dies sind die Gründe, die uns der
Pro=

Prophet in unserm Texte zu Gemüthe führt und durch sie unser Vertrauen auf Gott zu beleben sucht.

Daß Gott gütig sey, ist aus allem, was er gemacht hat und thut, zu erkennen. Er gab uns einen wohlgebildeten Leib, nützliche Gliedmaßen, vortrefliche Sinnen und eine vernünftige Seele. Die ganze Erde ist zu unserm Nutzen und Vergnügen geschaffen. Wie viele und mancherley Arten der Thiere, wie viele Bäume, Blumen, Kräuter und Gewächse, wie viele kostbare und wohlschmeckende Früchte hat er uns zubereitet? wie manche uns drohende und über unserm Haupte schon schwebende Gefahr hat er nicht bisher von uns hinweggewendet und wie väterlich und liebreich stehet er uns nicht in jenen Drangsalen und Nöthen bey, in denen wir uns befinden? Wie hat unser Gott nicht so gnädig bis auf diesen Augenblick für uns alle gesorgt? Gewiß, meine Freude! der Herr ist allen gütig und erbarmet sich aller seiner Geschöpfe. Barmherzig und gnädig ist der Herr, geduldig und von großer Güte und Treue. Danket doch dem Herrn; denn er ist freundlich und seine Güte währet ewiglich! Noch nie hat uns Gott ohne Proben seiner väterlichen Liebe und Güte gelassen; er gibt uns

vom

vom Himmel herab Regen und fruchtbare Zeiten und — o bittet doch den Herrn — daß er uns auch fernerhin noch erfüllen wolle mit Speise und Freuden. Gottes Güte reichet so weit der Himmel ist und seine Wahrheit so weit die Wolken gehen. Diese frohe Ueberzeugung von der Güte unsers Gottes muß uns dann auch zur Zeit der Noth Trost und Erquickung geben. Denn nun schließen wir so: hat uns der Herr bisjetzt nicht verlassen: so wird er uns fernerhin beystehen. Hat uns Gott seinen Sohn geschenkt: so wird er uns mit ihm auch alles andere schenken.

Einen neuen Grund zum Vertrauen auf Gott zur Zeit der Noth enthalten folgende Worte unsers Textes: der Her ist eine Veste zur Zeit der Noth. Unter einer Veste ist eine Schutzwehr, eine Mauer, ein Sicherheitsort vor der Gefahr und Noth zu verstehen. In einer vesten Stadt ist man vor den Anfällen der Feinde und vor Sturm und Gefahr beschürmt. Dies ist uns nun der Herr. Unter seinen Schirmen sind wir vor den Nachstellungen der Feinde wohl verwahrt. Wer unter dem Schirm des Höchsten ist und unter dem Schatten des Allmächtigen bleibt, der spricht zu dem Herrn meine Zuversicht, meine Burg, mein Fels, mein Erretter
und

und mein Hort, der Schild und Horn meines Heils und mein Schutz. Wenn sich schon ein Heer wider uns leget, fürchtet sich dennoch unser Herz nicht; wenn sich Krieg wider uns erhebet, verlassen wir uns auf ihn. Gott ist bey uns in der Noth, und wenn nun auch gleich Erde und Welten vergehen: so erhält uns dennoch seine allmächtige Hand unbeschädigt.

Der Herr kennet und liebet die Seinen! — Dies, meine Zuhörer! ist der letzte Grund, den der Prophet in unserm Texte zum Vertrauen auf Gott zur Zeit der Noth anführt. Wenn Gott unsre Bedürfnisse kennt: so wird er sich auch unsrer annehmen, und uns helfen. Dies macht uns dann fröhlich und voll gutes Muthes und hilft uns jedes Ungemach glücklich überwinden. Der Allgütige kann uns nicht verlassen; er wird uns erretten und vom Uebel erlösen und nach Traurigkeit und Leiden wieder Freude und Wonne zeigen.

 Verziehet er auch lange
 Mit Trost, den du begehrt;
 Wird deinem Herzen bange,
 Daß er dich nicht gehört;
 Er wird dir Hülfe senden,
 Wenn du es kaum noch gläubst.
 Und deinen Kummer wenden,
 So du ihm treu verbleibst.

 Wohl endlich deiner Treue!
 Du trägst den Sieg davon.

Auf!

Auf! daß dein Herz sich freue,
Schau nur den reichen Lohn!
Gott gibt dir einst die Palmen
In deine rechte Hand;
Und du singst Freudenpsalmen
Ihm, der dein Leid gewandt.

Mach End, o Herr! mach Ende
Hier aller unsrer Noth,
Stärk unser Herz und sende
Uns Trost bis in den Tod.
Laß uns stets deiner Pflege
Und Treu empfohlen seyn:
So gehen unsre Weege
Gewiß zum Himmel ein. Amen!

Die dritte Abendandacht.

Gesang:
O Gott du frommer Gott ꝛc.

Herr, Herr, Gott, gnädig und barmherzig, geduldig und von großer Güte und Treue, der du beweisest Gnade in tausend Glied und vergibst Missethaten, Uebertretungen und Sünden; handle doch auch nicht mit uns nach unsern Sünden und vergilt uns nicht nach unsern Missethaten. So hoch der Himmel über der Erde ist, laß du deine Gnade walten über die, so dich fürchten und so ferne der Morgen ist vom Abende, so laß du auch unsre Uebertretungen von uns entfernt seyn. Wie sich ein Vater über seine Kinder erbarmet, so erbarme du dich auch unsrer um Jesu Christi willen. Mit Beschämung unsrer Herzen sehen wir jetzt auf unsre Vergehungen und Fehler zurücke und beklagen die

Thorheiten und Ausschweifungen, die wir in den vorigen Tagen unsres Lebens begangen haben. Wir haben öfters den Reichthum deiner Güte, Gedult und Langmüthigkeit verachtet und deine väterlichen Warnungen zur Sinnesänderung und zum Guten geringe geschätzt. Gerechter Gott! der du heilig in deinen Gerichten und unerforschlich in deinen Wegen bist — wir fühlen nun das Elend und Unglück der Sünden; du lässest zeitliche Plagen, Krankheiten, Seuchen, Theurung und Krieg über uns kommen und uns ein Ungemach nach dem andern erleben. Ach, wir haben es verschuldet, daß du uns züchtigest. Nicht nur den uns drückenden Mangel und die üblen Folgen des Krieges; sondern noch weit mehr hätten wir mit unsern Sünden wohl verdienet. Wir wollen es nur vor dir gestehen, daß wir nicht ohne Schuld sind. Aber Herr, unser aller Gott! laß uns doch in unserm Verderben nicht ganz untergehen; sey uns, um deiner grundlosen Barmherzigkeit willen, wieder gnädig. Sieh an unsern Jammer und unser Elend und vergib uns alle unsre Sünden. Sorge künftighin auch für uns; in deiner Hand stehet es, unsern Mangel zu ändern und in Ueberfluß zu verkehren. Laß uns als unser bescheiden Theil Speise dahin-

neh-

nehmen, damit wir nicht, wenn wir zu arm würden, stehlen, und uns an dir versündigen. Wende die unter uns ausgebrochene Seuche gnädig von uns hinweg und gib uns wieder gesunde Luft. Laß uns nicht ganz den verderblichen Folgen des Krieges unterliegen; erhalte uns nur noch etwas weniges von unserm Eigenthum, damit wir doch auch künftig noch zu leben haben. Gib Ruhe und Zufriedenheit unserm unsterblichen Geiste, auf daß wir uns nicht durch Murren und Ungedult an dir versündigen. Erhalte unser aller Herzen bey dem Einigen, daß wir deinen Namen fürchten. So geschehe es! Amen!

Es trift unter uns ein, meine Theuresten und Geliebtesten! was ich in einer unsrer letzten Abendandachten gesagt habe. Mit jedem Tage nimmt unser Leiden zu und mit jedem neuen Morgen bricht uns auch eine neue Plage an. Wahrlich, der Herr züchtiget uns hart; seine Hand liegt schwer auf uns! Warum mag dies wohl geschehen? warum läßt es Gott zu, daß wir so heimgesuchet werden? Die Beantwortung dieser Frage soll unsre Beschäftigung in gegenwärtiger Abendstunde seyn. Ich bediene mich dazu der Worte Salomo's

C Sprüchw.

Sprüchw. 3, 11 und 12:

Mein Kind, verwirf die Zucht des Herrn nicht und sey nicht ungeduldig über seiner Strafe. Denn welchen der Herr liebet, den strafet er und hat Wohlgefallen an ihm, wie ein Vater am Sohne.

Ihr seht von selbst ein, meine Zuhörer! daß Salomo in diesen angeführten Worten von dem Nutzen der göttlichen Züchtigungen und Bestrafungen redet; aber auch zugleich eine Anweisung ertheilt, wie man dieselben zu seinem Vortheile gebrauchen soll. Mit dem letztern Gedanken will ich Eure Aufmerksamkeit zuerst beschäftigen.

Unter den Züchtigungen und Bestrafungen des Herrn sind alle jene Belehrungen, Ermahnungen und Warnungen, dadurch er die Menschen zum Guten leitet und führet und an ihrer Besserung und Vervollkommnung arbeitet, zu verstehen. Gott bringt seine Kinder nicht allemal durch lauter Wohlthaten zum Ziele; er prüft sie auch manchmalen und zieht sie mit Bestrafungen und Züchtigungen. So züchtiget er uns durch sein seeligmachendes Wort. Alle Schrift, schreibt deshalb Paulus 2 Tim. 3, 18. von Gott eingegeben, ist nütze zur Lehre, zur

Strafe

Strafe, zur Besserung, zur Züchtigung in der Gerechtigkeit, daß ein Mensch Gottes sey vollkommen zu allem guten Werke geschickt: das heißt, die ganze Schrift nützt zur Lehre, zur Besserung der Sünder und zur Erziehung und Bildung der Frommen in der Tugend; durch ihre Besserungen und Zurechtweisungen wird man zu allem Guten tüchtig und geschickt gemacht. Auch unser eigenes Gewissen b straft uns, wenn wir was Bösem gethan haben. Und diesen innern Richter hat Gott in uns erweckt, damit wir dadurch zum Guten möchten gezogen werden. Und wie oftmals läßt uns nicht der Herr durch Eltern, Lehrer, Vorgesetzte, gute Freunde und getreue Nachbaren an unsre Pflichten erinnern? Sie alle sind von Gott dazu aufgestellt, daß sie an unsrer Besserung und Vervollkommnung arbeiten und uns zum Guten leiten.

Besonders aber, meine Freunde! nennt man die Trübsale und Leiden — Züchtigungen und Bestrafungen unsers Gottes. Dergleichen Züchtigungen sind denn Armuth, Krankheiten, Hunger, Theurung und Krieg, Haß, Spott, Verachtung und Verfolgung der Welt, Verlust des Seinigen und was dergleichen Dinge noch mehrere sind. Plagen dieser Art hat Gott

von Zeit zu Zeit über die Welt hereinbrechen
laſſen. Auch uns haben ſie betroffen. Faſt
die Hälfte von den Bewohnern dieſer Stadt
liegt an gefährlichen Fiebern und am Frießel
darnieder; die Armuth wird ſtündlich größer;
die Lebensmittel gehen enge zuſammen; von
unſerm Eigenthum haben wir ſchon vieles ver‐
loren; die Plage des Krieges ſehen wir täglich
ſteigen und Spott und Hohn folgt oft auf un‐
ſre Thränen und Klagen. Wie haben wir uns
nun da zu verhalten und wie müſſen wir uns
betragen und die göttlichen Züchtigungen und
Beſtrafungen anwenden und gebrauchen, wenn
wir Nutzen davon haben ſollen?

Salomo beantwortet uns dieſe Frage im
Texte folgendermaſſen: Mein Kind, verwirf die
Zucht des Herrn nicht und ſey nicht ungedultig
über ſeiner Strafe. Die Züchtigungen des Herrn
verwirft man nämlich alsdann, wenn man ſie
geringe achtet und die Stimme Gottes zu ſeiner
Beßerung nicht hört; wenn man ſich durch ſein
Wort nicht ermahnen und durch Lehrer und
Prediger, durch Eltern, Anverwandte und an‐
dre gute Freunde zur Tugend nicht ermuntern
läßt. Laßt uns nunmehr eine Prüfung anſtel‐
len, meine Geliebten! wie wir bisher
die Züchtigungen Gottes benutzt haben? Der
Herr

Herr hat uns auch öfters zum Guten ermahnen lassen. Unser eigenes Gewissen und besonders das Wort Gottes sagt es uns ganz deutlich, was zu unsrer Besserung und Vervollkommnung nützlich ist. Es ist dir gesagt, Mensch, was gut ist und was der Herr von dir fordert: nämlich Gottes Wort halten und Liebe üben und demüthig seyn vor deinem Gott. Micha 6, 8. Wir wissen die Hauptforderung des Gesetzes und aller göttlichen Belehrungen: Fürchte Gott und halte seine Gebote; denn das gehört allen Menschen zu. Denn Gott wird alle Werke vor Gericht bringen, das verborgen ist, es sey gut oder böse. Pred. Sal. 12, 13 und 14. Das vornehmste Gebot der Religion Jesu wird uns von Jugend auf eingeprägt: Du sollt lieben Gott, deinen Herrn, von ganzem Herzen, von ganzer Seele und von ganzem Gemüthe und aus allen deinen Kräften, und deinen Nächsten als dich selbst. Marc. 12, 30 und 31. — Haben wir nun wohl diese göttlichen Forderungen allemal, wie es unsre Pflicht und Schuldigkeit war, befolgt? oder macht uns vielleicht unser Gewissen den Vorwurf, daß wir sie geringe geschätzt und wider unser besseres Wissen gehandelt haben? — Eltern, Lehrer und Prediger, andre treue und redliche Freunde —

ach wie oft und wie nachdrücklich ermunterten sie uns nicht zu allem Guten? wie vielmals hat nicht auch ich Euch, daß Ihr doch, um Eures eigenen Besten willen, der Tugend nachjagen und dem Laster entsagen sollt; aber was hatte es denn bisher bey vielen unter uns für Früchte? Ach ich sage es mit Beklemmung meines Herzens — nicht um, Euch Vorwürfe zu machen; sondern um Euch zum Nachdenken und zur Aenderung Eures Gemüthes zu erwecken — viele spotteten dieser Ermahnungen, verwarfen und verachteten sie und schätzten sie geringe. Wie will uns — hörte man öfters die leichtsinnige Sprache führen — dieser weisen, was gut ist? Ach nicht so, meine Brüder und Schwestern! nicht so! Was Euch Eure Lehrer und Prediger, was auch ich Euch sage, das sage ich Euch im Namen unsres Gottes; unsre Lehren sind nicht Menschenlehren; sondern Belehrungen und Warnungen jenes Herrn, der unser aller Schöpfer und Erhalter; aber auch unser Richter ist. Verwerft doch künftighin ja nicht mehr jene Züchtigungen. Gott hat noch härtere Strafen, womit er die Widerspenstigen und Ungehorsamen heimsuchen könnte. Irret Euch nicht; Gott läßt sich nicht spotten! Er ist ein gerechter Gott.

Das

Das Unglück des Sünders wird auf seinen Kopf kommen und sein Frevel wird auf seine eigene Scheitel fallen. Pf. 7, 17. Könnten die Folgen des Krieges, so hart sie jetzt schon sind — nicht noch härter und verderblicher für uns und das Sterben nicht noch allgemeiner werden? Wissen wir, was die Zukunft für uns aufbewahret hat? Damit uns nun Gott nicht noch härter heimsuche: so wollen wir uns wahrhaft zu ihm bekehren, unser Leben bessern und seine Züchtigungen nicht verwerfen. Herr! strafe uns nicht in deinem Zorn und züchtige uns nicht, wie wir es wohl verdient hätten.

Was aber nun die andere Gattung von göttlichen Züchtigungen betrift: so laßt uns, wie Solomo im Texte sagt, nicht ungedultig darüber werden. Mein Kind, werde nicht verdrüßlich, murre nicht über die Strafen Gottes. Dies thun nun freylich nicht alle Menschen. Wie mancher Kranke murrt nicht auch jetzt unter uns über seine Krankheit und über die üble Lage, in der er sich befindet? Wie viele habe ich nicht schon über unser gegenwärtiges Elend fluchen und schwören, und die Vorsehung und Schickung unsres Gottes tadeln hören? Und wie mancher raubt und stiehlt, um sich seine Noth erträglicher zu machen? Manche betrachten

ten den gegenwärtigen schweren Krieg nur als ein nothwendiges Uebel, das vermöge des Zusammenhanges im Ganzen über unsre Gegend ausgebrochen ist; sie suchen sich das Harte und Empfindliche desselben durch strafbare und sündliche Handlungen zu erleichtern und wenn eine neue Gefahr eintritt, meistern sie die Wege unsers guten Gottes. Murren und Ungedult herrscht fast überall. **Freunde und Freundinnen!** befolgt doch den Rath Salomo's im Texte: mein Kind, sey nicht ungedultig über die Strafen Gottes. Mit Widerspenstigkeit und Ungedult richten wir nichts aus. Wir machen uns unser Elend nur noch unerträglicher; versündigen uns an Gott und fallen in größere Unruhen und Plagen des Gemüths. Auf den Herrn wollen wir daher hoffen; unsre Seelen in Gedult fassen und unsre Augen zu den Höhen, von welchen Hülfe kommt, empor heben.

  Herr, wie du willst, so schicks mit mir
Im Leben und im Sterben.
Mein Herz sehnt sich allein nach dir!
Entreiß mich dem Verderben:
Erhalte mich in deiner Huld:
Sonst wie du willst, gib nur Gedult;
Was du willst, ist das Beste.

 Gebrauchen wir so, meine Theuresten! die göttlichen Züchtigungen und Bestrafungen, so werden wir auch Nutzen und Seegen

gen davon haben. Nach unserm Texte überzeigen sie uns zuerst von der Liebe und dem Wohlgefallen unsers Gottes. Salomo sagt: Gott züchtiget den, den er liebt, wie ein Vater ein Kind, dem er gewogen ist. Wenn es Väter mit ihren Kindern redlich meynen: so ziehen sie dieselben nicht immer mit gelinden Worten; erfordert es die Noth: so bestrafen sie sie auch mit der Ruthe, mit Ernste und Nachdrucke, um ihnen gewisse Fehler abzugewöhnen. Eben so macht es nun auch Gott mit uns. Er legt uns Leiden auf, um uns zu bessern, vor Stolz und Eigendünkel zu bewahren und in mancherley Tugenden zu üben. Daraus sollen wir nun sein Wohlgefallen gegen uns zu erkennen uns bemühen. Denn wen der Herr lieb hat, den züchtiget er; er stäupet einen jeglichen Sohn, den er aufnimmt. Denen, die Gott lieben, müssen alle Dinge, auch die härtesten Strafen, zum Besten dienen. Nichts weder Gegenwärtiges noch Zukünftiges, weder Leben noch Tod, weder Hunger noch Schwerdt, weder Kälte noch Blöße soll uns scheiden von der Liebe Gottes, die da ist in Jesu Christo unserm Herrn. Jedes Leiden, und auch unsre jetzige Noth muß uns bessern, zu Gott näher hinziehen und zur Buße und Sinnesnsänderung erwecken. Dies ist die Absicht Gottes, wenn er uns züchtiget. Wer am Fleische leidet, soll aufhören zu sündigen und hinfort nicht mehr sich, sondern dem leben, der für uns gestorben und auferstanden ist. Es ist mir lieb, o Gott! daß du mich züchtigest; denn ich lerne dadurch deine Rechte erkennen. Wer sich bey der betrübten Lage der Sachen nicht zu Gott wendet, hat eine große Verantwortung; es ist bey ihm alles verloren. Damit wir Gottes Werk an uns nicht vereiteln, meine Theuresten! so wollen wir uns von ganzem Herzen zu ihm bekehren und ihm in die Ruthe fallen. Ohne Aufhören wollen wir ihn um die baldige Wiederherstellung des Friedens ansehen und je mehr diese wichtige Beschäftigung von leichtsinnigen Leuten unter uns vernachläßiget wird, desto ernstlicher wollen wir darinne anhalten. Nur Gott allein kann dem Kriege steuren und den Frieden geben: O darum

> Verleih uns Frieden gnädiglich,
> Herr Gott, zu unsern Zeiten!
> Es ist doch ja kein andrer nicht,
> Der für uns könnte streiten,
> Denn du, unser Herr Gott, alleine.
> Amen!

Die vierte Abendandacht.

Gesang:
Nach einer Prüfung kurzer Tage ꝛc.

Gütiger Gott, liebreicher himmlischer Vater, du hast uns die tröstliche Verheissung gegeben: ich will dich nicht verlassen noch versäumen. Nun so beweise denn auch noch fernerhin an uns deine Güte. Wenn du uns verließest — ach wie elend wären wir? Nirgends finden wir jetzt Hülfe und Errettung. Niemand erhört unsre Klagen und in der Noth, die uns betroffen hat, steht uns Niemand bey. Vor dir schütten wir daher unsre Herzen aus; du stehest und zählest unsre Thränen. Menschen sind allzumal nur leidige Tröster. Deiner weisen Regierung wollen wir uns mit stiller Gelassenheit unterwerfen und in Gedult und Ergebung in deinen göttlichen Willen alles Gute von dir erwarten. Wir wollen schweigen und unsern Mund nicht aufthun; du Herr! wirst es wohl machen. Wir wollen den Kelch trinken, den uns unser Vater gegeben hat. Was uns der Herr gab, kann er uns auch wieder nehmen lassen. Er legt uns eine Last auf; aber er wird sie uns auch tragen helfen. Herr! dein Wille geschehe; der ist ja doch allezeit der beste. Dennoch bleiben wir stets an dir, denn du hältest uns bey unsrer rechten Hand; du leitest uns nach deinem Rathe und nimmst uns endlich mit Ehren an. Wenn wir nur dich haben: so fragen wir nichts nach Himmel und Erden. Wenn uns gleich Leib und Seele verschmachten: so bist du doch, Gott, allezeit unsers Herzens Trost und unser Theil. Laß nur das auch unsere Freude seyn, daß wir uns zu dir halten und unsre Zuversicht setzen auf den Herrn Herrn, daß wir verkündigen alle dein Thun. Amen!

> Unsre Trübsal, die zeitlich und leicht ist, schaffet eine ewige und über alle Maßen wichtige Herrlichkeit, uns, die wir nicht sehen auf das Sichtbare, sondern auf das Unsichtbare; denn was sichtbar ist, das ist zeitlich; was aber unsichtbar ist, das ist ewig.

Dies,

Dies, meine Geliebtesten! sind Worte des Apostels Paulus 2 Cor. 4, 17 und 18. Sie stehen in dem genauesten Zusammenhange mit denjenigen, die wir in unsrer letzten Abendandacht mit einander betrachtet haben. Der Apostel schildert uns darinnen die herrlichen Folgen der Trübsale der Christen. Ich hoffe Euch zweckmäßig zu unterhalten, wenn ich Euch den herrlichen Sinn derselben jetzt erkläre und sie zu Eurem Troste und zu Eurer Erbauung anzuwenden suche.

Man mag in die Häußer der Vornehmen und Reichen, oder in die Hütten der Niedrigen und Armen gehen; so wird man äußerst selten eine Familie kennen lernen, von welcher man sagen könnte: sie habe keine Leiden. Nur das Vorurtheil macht, daß man den Reichen glücklich preißt. Wer Gelegenheit hat, seine innere Lage zu erfahren, wird es inne werden, daß er öfters übler daran ist, als der Arme. Aus weisen und heiligen Ursachen mischt Gott unter die Freuden dieses Lebens gewisse Trübsale. Wen der Herr lieb hat, den züchtiget er. Möchten nur auch stets die Leiden eines jeden Christen unverschuldete Leiden seyn! Aber so lehrt leider die traurige Erfahrung, daß gar viele

viele von denen, die da leiden, nur empfangen, was ihre Thaten werth sind. Viele sind Selbstschöpfer ihres eigenen Unglücks. Mancher geräthet in Krankheiten und Armuth um seiner Ausschweifungen und unordentlichen Lebensart willen; mancher zieht sich durch sein unverständiges, hochmüthiges und beleidigendes Betragen, oder auch durch Mangel an christlicher Bescheidenheit und des gefälligen Wesens, Feinde zu. Da läßt es dann Gott geschehen, daß Personen dieser Art in Ungemach verfallen, damit sie für ihre Thorheiten büßen.

Theuresten! über uns ist gegenwärtig ein besonderes schweres Leiden hereingebrochen. Der Krieg, der unsre Stadt und Gegend beunruhiget, drohet uns ganz zu Grunde zu richten. Da habe ich schon öfters die Klage gehört. „Warum müssen denn gerade wir so vie„les leiden; sind denn wir an dem Kriege „schuld; wir haben ihn ja nicht angefangen „und nicht den mindesten Antheil zu keiner Zeit „daran genommen; warum läßt uns Gott so „tief dabey sinken und beynahe ganz zu Grunde „gehen!" — Es ist wahr, meine Geliebtesten! wir haben nicht die geringste Ursache zum Kriege gegeben und wir wünschten, daß das Feuer desselben nie ausgebrochen wäre.

Aber

Aber warum ließ denn Gott wohl zu allen Zeiten Krieg über die Menschen kommen? Erlaubt es mir, daß ich mich bey der Beantwortung dieser Frage einige Augenblicke verweile.

Wenn wir die Schriften der göttlichen Offenbahrungen zu Rathe ziehen: so finden wir, daß der Krieg von Gott über ganze Reiche und Länder wegen der Verachtung seines Wortes, wegen Geiz und Ungerechtigkeit, wegen Stolz und Hoffart verhängt worden ist. 3 Mose 26, 25. drohet Gott seinem Volke Israel, daß, wenn es seine Stimme nicht hören, ihm nicht gehorchen und seine Gebote nicht thun; sondern vielmehr seine Satzungen verachten würde: so wolle er das Rachschwerdt bringen und es den Händen seiner Feinde übergeben. Und Amos 9, im 1 und 4.V. heißt es: ihr Geitz soll ihnen allen auf ihren Kopf kommen und ich will ihre Nachkommen mit dem Schwerdte erwürgen, daß keiner entfliehen noch einiger davon entgehen soll. Und wenn sie vor ihren Feinden hin gefangen giengen: so will ich doch dem Schwerdte befehlen, daß sie es daselbst erwürgen soll; denn ich will meine Augen über ihnen halten zum Unglück und nicht zum Guten. Der Prophet Michas aber sagt ganz deutlich, daß um des Stolzes seiner Zeitgenossen willen

Gott

Gott eine böse Zeit und Krieg über das Land wolle kommen lassen. Kap. 2, 3 und 4. Und eben das nämliche lesen wir auch Jes. 13, 11 — 22.

Wenn wir nun, meine Freunde! eine aufrichtige und unpartheyische Prüfung über uns anstellen, was werden wir dann wohl finden, daß auch in unsrer Stadt für Sünden im Schwange gehen? Ich bin nicht gewohnt, die Sache zu übertreiben und meinen Zuhörern unnöthige Vorwürfe zu machen; aber damit wir uns so ganz unter Gottes allmächtige Hand demüthigen und seine Vorsehung und weisen Schickungen nicht fernerhin tadeln: so muß ich Euch auf Wahrheiten dieser Art aufmerksam machen. Verachtete man nicht auch unter uns das Wort des Herrn? Hängt man nicht auch dem Geitze und allen Arten der Ungerechtigkeiten nach und wie viele unter uns haben nicht ein eitles, stolzes und hochmüthiges Leben geführt? Um aller dieser Sünden willen will uns nun Gott züchtigen und väterlich und liebreich heimsuchen und zurechte weisen. O daß wir alle bedenken möchten, was zu unsrer Besserung und zu unserm Frieden dient! O daß wir uns von ganzem Herzen zum Herrn bekehrten und statt ihn zu tadeln und mit Murren und

und Klagen, als ob er uns zu hart heimsuchte, zu entehren, unser Leben und Wesen beßerten! Ist auch ein Uebel in der Stadt, das nicht unter der weisen und gütigen Aufsicht des Höchsten steht? Was würde aus uns werden, wenn Gott die ganze Last unsrer Schulden auf uns legen wollte? Unter seiner Aufsicht verlieren die Trübsale ganz ihre unangenehme Gestalt; sie werden uns leicht und erträglich. So nennt sie Paulus im Texte: unsre Trübsal ist zeitlich und leicht. Wenn ein Ungemach auch noch so lange andauret; wenn es Jahre lang und auch Zeitlebens währen sollte, so hört es doch endlich auf. Und überhaupt was ist das kurze Leiden der Zeit gegen die lange Ewigkeit? So wie unser Leben schnell dahin fährt, so auch unser Leiden. Beym Tode hören alle unsre Trübsale auf und wir lassen sie mit unserm elenden Körper im Grabe zurücke. Der Krieg, wenn er auch noch länger währen sollte, wird doch auch wieder ein Ende nehmen. Unsre Trübsal ist also zeitlich; aber sie ist auch leicht. Zwar kann man es nicht läugnen, daß sie oft gar hart drückt und daß man ihrer oft beynahe unterliegt. Dies fühlen wir jetzt; allein wenn sie Gott uns tragen hilft, wird sie uns auch künftighin noch erträglich bleiben. Unsre Trübsal ist also zeitlich und leicht und schaffet eine ewige und über alle Maasen wichtige Herrlichkeit.

Dieser letztere Gedanke, meine Theuresten! ist der beruhigendeste zur Zeit der Leiden. Oefters währen die Leiden der Menschen ihre ganze Lebenszeit hindurch; aber wohl uns; wenn sie durchgekämpft sind, dann folgt darauf Ruhe und Erquickung, Wonne und Seeligkeit. Doch um nicht mißverstanden zu werden, muß ich hier eine eigene Bemerkung vorher noch einschalten.

Gott gibt uns nicht um der Leiden willen die ewige Herrlichkeit. Manche Menschen glauben dies zwar und thun sich sehr vieles darauf zu gute. Sie meynen, weil sie hier so vieles auszustehen hätten, müßte sie Gott deshalb in den Himmel einführen und ihnen einen desto höhern Grad von Seeligkeit geben. So sind Pauli Worte nicht zu verstehen. Die Seeligkeit gibt uns Gott nur aus Gnaden, allein um Jesu Christi willen und der, welcher keine große Leiden hat; aber doch fromm und tugendhaft lebt und an seinen Erlöser glaubt, kann eben so gut seelig werden, als der, welcher vieles leiden muß. Nur alsdann werden uns die Leiden ein Weg zur Herrlichkeit, wenn wir nach dem Vorbilde Jesu geduldig leiden; wenn wir

wir standhaft darinnen ausharren und bis an das Ende getreu sind. Nur unter diesen Umständen können wir mit Paulo sagen: ich halte es dafür, daß dieser Zeit Leiden nicht werth sey der Herrlichkeit, die an uns soll offenbaret werden. Leiden wir mit: so werden wir mit herrschen; sterben wir mit: so werden wir mit leben und zur Zeit seiner herrlichen Offenbahrung Freude und Wonne haben. Mußte nicht auch Christus leiden und dadurch zu seiner Herrlichkeit eingehen? Eben so werden wir auch nach Kampf und Streit den Sieg und die Krone der Ehren davon tragen. Und o was wird nicht dies für Glück und Seeligkeit für uns seyn? Unsre Trübsal, die zeitlich und leicht ist, schaffet eine ewige und über alle Maasen wichtige, das heißt, eine alles übertreffende unschätzbare Herrlichkeit. Und so ist es auch! Die Herrlichkeit der Christen übertrift alles; sie ist nicht zu schätzen. Wenn sie ausgekämpft haben, gelangen sie zum Anschauen Gottes und in die Gemeinschaft Jesu; sie gehen ein in die Gesellschaft aller Engel und Auserwählten und geniessen dann unaussprechliche Seeligkeit und Wonne. Meine Lieben, es ist noch nicht erschienen, was wir seyn werden; wir wissen aber, wenn es erscheinen wird, dann werden wir ihm gleich seyn und ihn sehen, wie er ist und uns freuen mit unaussprechlicher und herrlicher Freude und das Ende unsres Glaubens davon tragen, nämlich der Seelen Seeligkeit.

Damit wir aber zu diesem Glücke einst gelangen: so laßt uns, **meine Theuresten!** den theuren Rath des Apostels in unserm Texte befolgen: laßt uns nicht sehen auf das Sichtbare, sondern auf das Unsichtbare, das heißt: laßt uns nicht blos am Irrdischen, Zeitlichen und Sichtbaren hängen bleiben. Die Leiden sollen uns ja ganz himmlisch gesinnt machen und uns zu Gott hinziehen. Dies muß vorzüglich unsre gegenwärtige Lage bey uns wirken. O trachtet doch nach dem, was droben ist, wo Jesus Christus ist sitzend zur Rechten Gottes. Was sichtbar ist, ist ja doch vergänglich; wer sein Herz an das Zeitliche zu sehr hängt, vergehet und nimmt ein Ende mit Schrecken; aber die unsichtbaren Güter sind ewig. Ein gutes Gewissen und die Gnade Gottes kan uns Niemand rauben. Dort werden wir erst das rechte und dauerhafte Glück der Christen genießen. Die hier mit Thränen säen, werden einst mit Freuden erndten. Die Erlösten des Herrn wird ewige Freude und Wonne ergreifen. O tröstet Euch

Euch auch bey Euren jetzigen Leiden unter einander mit diesen Worten!

Der Seeligkeiten, Gott! wie viel!
O Freuden ohne Maaß und Ziel,
Hoch über alles Sehnen!
O Ewigkeit, o Ewigkeit! -
Was ist das Leiden dieser Zeit!
Wie nichts sind alle Thränen!

Sey stark, sey freudenvoll, mein Geist!
Gott lebt! Gott hält, was er verheißt!
Gott ist der Gott der Frommen!
Nichts, glaub es, ist für dich zu groß,
Für dich, zu dem aus Gottes Schoos
Ist Jesus Christ gekommen. Amen!

Die fünfte Abendandacht.

Gesang:
Der Herr ist meine Zuversicht ꝛc.

Großer und anbetungswürdiger Gott! von dir kommen alle gute und alle vollkommene Gaben; du bist der Urheber unsers wahren Heils und Wohlergehens. Für alles Gute, womit du uns in den verwichenen Tagen unsers Lebens begnadigtest, sey dir von Herzen Lob und Dank gesagt. Wir sind nicht werth aller Barmherzigkeit und Treue, die du uns bisjetzt erzeiget hast. Leben und Wohlthat hast du an uns gethan und dein Aufsehen bewahret unsern Odem. Selbst in unsrer jetzigen Noth bist du unsre Zuversicht und Stärke. Ach verlaß uns nur fernernerhin nicht, eile uns vielmehr beyzustehen und sey unsre Hülfe. Unsre Zeit stehet in deiner Hand; du lässest die Menschen sterben und sprichst: kommt wieder Menschenkinder. Du hast auch unserm Leben ein Ziel gesetzt, das werden wir nicht überschreiten. O lehre uns nur auch unsre Tage auf die nahe Ewigkeit klug und weise anwenden und es uns sorgfältig überlegen, daß auch unser Leben ein Ziel hat und daß auch wir davon müssen. Noch leben wir, Herr und Vater unsers Lebens; aber wir wissen nicht, wie lange; die Stunde unsers Todes kommt; aber wir wissen weder wie noch wann. Nur du allein weißt es; darum so mache uns willig und bereit, dir zu leben und zu sterben, damit wir dein in alle Ewigkeit seyn mögen. Laß uns in den Tagen unsers Lebens nicht über Kräfte und Vermögen versucht werden und nicht in zu große Armuth und Dürftigkeit gerathen. Hilf uns alles glücklich überwinden und endlich den Sieg davon tragen. Amen!

Bey den widrigen Ereignissen und betrübten Auftritten dieses kummervollen Lebens, meine theuresten und geliebtesten Freunde und Zuhörer! weis ich mich mit nichts beſſerm zu tröſten und aufzurichten, als mit dem Gedanken: es ſtehet alles unter der Aufſicht eines allweiſen, allgütigen und gerechten Gottes; ohne ihn kan uns nichts begegnen; auch die widrigſten Schickſale müſſen unter ſeiner Leitung und Führung für uns den herrlichſten Ausgang gewinnen; Gott ſpeißt die Vögel unter dem Himmel; er kleidet die Lilien auf dem Felde und hat alle Haare auf unſerm Haupte gezählt; er leitet uns zwar wunderbar; aber führt doch auch alles herrlich hinaus. Mit Wahrheiten dieſer Art bin ich denn auch geſonnen, Euch in gegenwärtiger Stunde zu unterhalten. Ich wähle dazu die Worte Syrachs:

Alles kommt von Gott; Glück und Unglück, Leben und Tod, Armuth und Reichthum. Kap. 11, 14.

Alles, meine Freunde! was ein Menſch zum Wohle ſeines Leibes und ſeiner Seele nöthig hat, haben wir Gott zu verdanken. Geſundheit, Reichthum und Ehre, ein guter Name, treue Freunde, Nahrung und Seegen in ſeinem Handel und Gewerbe iſt Glück für die Menſchen und dieß alles kommt von Gott, dem Geber aller guten und aller vollkommenen

Gaben. Nach seiner weisen Regierung gibt und erhält er uns diese und jene Gelegenheit, wodurch wir in einen erwünschten Stand versetzt werden und ruhig und zufrieden leben können. O wie glücklich waren bisher nicht auch wir? Laßt uns dies mit Danke gegen Gott auch bey dem uns drohenden Untergange noch erkennen; laßt uns ihn stets als den Urheber des Wohlstandes, in dem wir uns befanden, dankbar verehren und anbeten. Es rührt doch wahrlich nicht alles — wie viele unter uns irrig glauben, — von der Geschicklichkeit, dem Fleiße, Gelde und Ansehen der Menschen her. Soll es uns wohlgehen: so muß uns Gott seegnen. An des Herrn Seegen ist alles gelegen. Wo der Herr nicht das Haus bauet, so arbeiten umsonst, die daran bauen; es ist umsonst, daß ihr frühe aufstehet und hernach lange, bis in die späte Nacht hineinsitzet und esset euer Brod mit Sorgen; denn seinen Freunden gibt ers schlafend. Pf. 127, 1 und 2. Gott kann seine Glücksgüter austheilen, wie er will; der Gottlose kann auch von ihm gesegnet werden; er kann es ihm auch wohlgehen lassen. Darüber dürfen wir weder murren, noch Gottes Verhalten tadeln. Sind wir mit dem, was wir haben, zufrieden, so

D 5 sind

sind wir allemal glücklich. Laßt uns Niemand, der bey unsrer gegenwärtigen traurigen und betrübten Lage noch glücklicher scheint, als wir es sind, beneiden; laßt uns aus Mißgunst keine Verräther an unsern Mitmenschen werden; sondern die Lasten gemeinschaftlich und brüderlich tragen und alles Gott überlassen. Denn so wie der der Urheber unsers Glückes ist, so kommt auch das Unglück von ihm.

Krankheiten, Krieg und Theurung, Elend, Schaden und Verlust des Seinigen, Kummer und Verdruß, kurz, alles Widrige und Unangenehme läßt er über uns hereinbrechen. Es ist kein Unglück in der Stadt, das der Herr nicht thue. Von ihm hängt alles ab; er läßt alles zu. Demüthiget Euch daher, meine Geliebtesten! unter die Leitungen und Führungen des Allmächtigen! Auch das Harte, das uns jetzt widerfahrt, kann zu unserm Besten gereichen. Wir haben vielleicht unser Herz bisher zu sehr an das Zeitliche gehängt und Gott und das Himmlische darüber ganz ausser acht gelassen? Damit wir uns nun nicht ganz verirren, sucht uns unser Vater im Himmel mit trüben Stunden zu rechte zu weisen und auf ein besseres und zweckmäßigeres Verhalten hinzuleiten. Leidet Ihr am Fleische —

nun

nun so hört auch auf zu sündigen. Laßt Euch die gegenwärtigen harten Zeiten eine Ermunterung zum Guten werden. Fällt nie ein liebloses Urtheil über den, der in größerm Unglücke sich befindet. Gott läßt es zuweilen zu, daß es seinen geliebten Kindern übel geht. Kam nicht auch ein Joseph in Ketten und Banden? Wir wollen uns insgesamt in die Hände des Allmächtigen werfen und ihm alles überlassen. Wie er uns führt und noch fernerhin führen wird, wollen wir getrost und freudig mitgehen.

Nach den Worten Syrachs kommt von Gott auch **Leben und Tod**. Und so ist es auch, meine Zuhörer! Gott gab nicht nur allein dem ersten Menschenpaare das Leben; nein! er gab es auch uns. Mit Haut und Beinen hat er uns angethan und sein Aufsehen bewahret unsern Odem; er hat uns alle aus unsrer Mutter Leibe gezogen und an das Licht der Welt gebracht. O des danken wir dir, Herr, unser Schöpfer! und loben deine Allmacht, Weisheit und Güte! Was ist der Mensch, daß du sein gedenkest und des Menschenkind, daß du dich seiner so väterlich und liebreich annimmst. Erhalte uns ferner unser Leben und schütze uns vor den Gefahren, die uns drohen. Zu deiner Ehre wollen wir, so lange

wir

wir hier wallen, leben. Ja, meine Theuresten! es thue keines etwas, das ihm seine Lebenszeit abkürzen könnte! Weiht Eure Tage der Tugend; fürchtet den Herrn, liebt ihn über alles, lebt züchtig, gerecht und gottseelig in dieser Welt und danket Eurem himmlischen Vater an jedem Tage für Euer Leben und Daseyn innigst und herzlich. So wie er uns ja das Leben gab und erhält, so kann er es uns auch wieder nehmen. Der Tod kommt von Gott. Er läßt die Menschen sterben und spricht: kommt wieder Menschenkinder! Unser aller Tage sind auf sein Buch geschrieben, ehe einer derselben vorhanden war; er hat unserm Leben ein Ziel gesetzt, das werden wir nicht überschreiten. Auf die Uebertretung seiner Gebote hat er den Tod gedroht. Es ist der alte Bund: Mensch, du mußt sterben! Auch uns wird er einst gebieten, er, der Herr über Leben und über Tod. Da wollen wir uns nun nicht widersetzen, wie dies gar viele Menschen zu thun pflegen. Christlich wollen wir uns vielmehr darein schicken, uns sorgfältig auf unser Ende zubereiten und öfters uns im Geiste an unser Grab und an die Pforten der Ewigkeit stellen. Dies sey gegenwärtig um so mehr eine Beschäftigung für uns, weil wir es täglich sehen, wie

wie die unter uns herrschende Seuche mehrere unsrer Geliebten und Freunde dahin rafft. Könnte nicht auch uns bald ein gleiches Loos treffen? Und könnte uns der Tod nicht etwa unbereitet finden? Damit uns jene ernste und feyerliche Stunde nicht übereile: so wollen wir uns bey Zeiten auf sie zubereiten; dann mag unser Ende kommen, wenn es will, wir werden nicht zu Grunde gehen. Unser keiner lebt ihm selber und keiner stirbt ihm selber. Leben wir, so leben wir dem Herrn; sterben wir, so sterben wir dem Herrn; darum wir leben, oder sterben, so sind wir des Herrn.

 Laß mich mein Ende stets bedenken
Gleich Buße thun, wenn ich gefehlt
Und nicht im Eiteln mich versenken,
Nicht wählen, was mich ewig quält.
Ich bitt, o Gott, durch Christi Blut,
Machs einst mit meinem Ende gut.

 Dann komme es heut oder morgen,
Ich weis, mit Jesu glückt es mir.
Er wird für meine Seele sorgen
Und bringt sie, Vater, einst zu dir:
Denn Gottes Gnad und Christi Blut
Machts einst mit unserm Ende gut.

End-

Endlich kommt auch nach unserm Texte Armuth und Reichthum von Gott. In den Stand, darinnen man an allem, was zur Erhaltung dieses Lebens gehört, Mangel hat; da man ängstlich klagen muß: was werde ich essen, was trinken und wovon mich kleiden, kommt der Mensch nicht ohne Gottes weise Vorsehung. Manchen Menschen läßt der Herr darinnen gebohren werden und andre läßt er ohne ihr Verschulden darein gerathen. Viele, die bisher unter uns nicht nur allein, ich will nicht sagen, ihr noch dürftiges Auskommen; sondern gar Ueberfluß gehabt haben, sehen jetzt dem Mangel und der Verarmung entgegen. Laßt uns da getrosten Muths seyn, meine Theuresten! Gott wird uns nicht verlassen und unsern Schultern keine größere Last auflegen, als sie zu tragen vermögend sind. Je größer unsre Armuth wird, desto reicher wollen wir an himmlischen Gütern zu werden uns befleißigen. Nie wollen wir uns ungerechte Handlungen, um uns unser Elend zu erleichtern, erlauben; und uns durch Betrug und Diebstahl nie an Gott und unseren Mitmenschen versündigen. Laßt uns fleißig arbeiten, bescheiden, sparsam und genügsam seyn und fleißig beten. Gott wird uns dann beystehen und uns treue Freunde, viel-

leicht

leicht sogar in der Entfernung, erwecken, die
sich unsrer in unsrer Armuth annehmen. Es ist
ja Gott ein geringes, den Armen zu Reich=
thum und Ehre zu bringen. Denn auch der
Reichthum kommt von Oben her. Was der
Mensch zu seiner Bequemlichkeit, Nahrung,
Unterhalt und Vergnügen braucht, ist ein
Geschenk der Gottheit. Wie wenige Reiche
erkennen das und wie wenige haben es auch
unter uns erkannt? Weil sie Schätze, Gold
und Silber und alles, was ihr Herz wünschte
und begehrte, gehabt haben, dachten sie dabey
nur sehr wenig an den Urheber aller jener
Güter. Den meisten war ihr Reichthum ein
Fallstrick zur Sünde, zum Stolz, zur Ueppig=
keit, zur Unterdrückung und Verachtung ihrer
armen und nothleidenden Mitbrüder. Nun
kommt Gott und zeigt, daß er Herr von dem
Vermögen der Menschen sey, daß er geben
und nehmen kann und seine Güter austheilt,
wie er will. Laßt uns die Hand auf den
Mund legen und Gottes Schickungen in De=
muth verehren und anbeten. Von dem Herrn
kommt alles: Glück und Unglück, Le=
ben und Tod, Reichthum und Ar=
muth; gelobet sey sein Name von
nun an bis in Ewigkeit!

Herr,

Herr, unser Herrscher, nur von dir
Fließt alles Heil uns zu;
Dein Volk, dein Eigenthum sind wir
Und unser Gott bist du.

Drum lobe, Seele, deinen Gott,
Sags, was er dir gethan;
Verehr und halte sein Gebot
Und bet ihn ewig an.
        Amen!

Die sechste Abendandacht.

Gesang:
Nach meiner Seelen Seeligkeit ꝛc.

Großer Mittler und Versöhner, theurer Heiland Herr Jesus! du hast uns allen ein Vorbild gelassen, daß wir deinen Fußstapfen nachfolgen sollen und warest deinem himmlischen Vater gehorsam bis zum Tode, ja bis zum Tode am Kreuße; — ach gib uns Gnade, daß wir dein Beyspiel wenigstens so viel nachzunahmen uns bestreben, als es die Kräfte erlauben, die du uns verleihest. Dein Beyspiel lehre uns, die Gebote Gottes zur einzigen Richtschnur unsers Wandels zu machen und seinen Willen

E   bis

bis an unser Ende zu vollbringen. Du haſt das Werk vollendet, das dir dein Vater aufgetragen hat; ach hilf uns auch glücklich alles ausrichten, was wir zu vollbringen verpflichtet ſind. Stärke uns, daß wir alle Leiden mit ſtiller Geduld ertragen; daß wir nie unzufrieden über unſer jetziges hartes Schickſal murren; ſondern nach deinem Beyſpiele von Herzensgrunde ſagen: Mein Vater! nicht wie ich will, ſondern wie du willſt, dein Wille geſchehe! Heilige uns nur vor allen Dingen durch und durch, auf daß auch unſer Geiſt ſamt Seele und Leib unſträflich erhalten werden bis auf den Tag deiner Zukunft zum ewigen Leben.

> Stärke, Jeſu, deine Kinder
> Und mache die zu Ueberwinder,
> Die du erkauft mit deinem Blut.
> Schaff in uns ein neues Leben,
> Damit wir uns zu dir erheben,
> Wenn uns entfallen will der Muth.
> Geuß aus auf uns den Geiſt,
> Dadurch die Liebe fleußt
> In die Herzen:
> So halten wir
> Getreu an dir
> Im Tod und Leben für und für.
> A m e n !

Das iſt meine Speiſe, daß ich thue den Willen deß, der mich geſandt hat und vollende ſein Werk.

Dies

Dies, meine schätzbarsten Freunde und Freundinnen! sind Worte Jesu, die er bey einer sehr merkwürdigen Gelegenheit gesprochen und die uns Johannes im 34. Verse des vierten Kapitels seines Evangeliums aufgezeichnet hat. Unser göttliche Erlöser unterredete sich nämlich einst mit einer Samaritanerin, in der er, so wie in vielen andern ihres Geschlechtes die Ueberzeugung hervorbrachte, daß er der wahre Messias sey. Seine Jünger kamen zu jener Unterredung und verwunderten sich, daß ihr Lehrer mit einem samaritanischen Weibe redete. Indessen als jene Frau die Leute aus der Stadt holte, den großen Lehrer und Propheten zu sehen, der sich bey ihr für den Messias ausgab, ermahnten ihn seine Jünger, daß er etwas Speise zu sich nehmen solle. Hierauf sprach nun Jesus zu ihnen die merkwürdigen Worte: ich habe eine Speise zu essen, die ihr nicht kennet. Die Jünger verwunderten sich über diese seine Antwort und sprachen: hat ihm denn Jemand etwas zu essen gebracht? Nun erklärte es ihnen Jesus frey heraus, was er mit jenen Worten andeuten wolle. Meine Speise, sprach er, ist, den Willen dessen zu thun, der mich ge=

gesandt hat und das mir von ihm aufgetragene Werk zu vollenden. O in der That wichtige Worte!

Der, welcher Jesum gesandt hat, ist unser Gott. Dies ist durchgehends Lehre der neutestamentischen Schriften. Ueberall wird Jesus als der große Gesandte Gottes darinnen vorgestellt. Unser göttliche Erlöser sagte es daher selbst zum öftern, daß ihn der Vater in die Welt gesendet habe und seine Apostel bestätigen es auch insgesamt. Gott sandte, heißt es z. E. Röm. 8, 3. seinen Sohn in einer den Sündern ähnlichen Gestalt. Und Gal. 4, 4 und 5. heißt es: als die bestimmte Zeit kam, sandte Gott seinen Sohn, von einem Weibe gebohren, und dem Gesetze unterworfen, damit er die, welche unter dem Gesetze stunden, befreyte, auf daß wir das Recht freyer Kinder erlangten. In den oben angeführten Worten sagt nun Jesus: das ist meine Speise, daß ich thue den Willen dessen, der mich gesandt hat.

Unter dem Willen Gottes ist der ewige Rathschluß Gottes, daß Jesus die Menschen durch Wahrheit unterrichten, durch Wunder und große Thaten, wo es nöthig war, sie überzeugen, den Glauben an sich in ihren See-

len

len erwecken, sie zur Tugend bilden und zur ewigen Seligkeit führen sollte, zu verstehen. Dies war denn Jesu S p e i s e oder sein vorzüglichstes Geschäfte. Wie nämlich eine gesunde Kost das Verlangen nach Speise auf eine angenehme Weise stillt, so wurde Jesus im Geiste gesättiget und befriediget, wenn er was Nützliches reden und zur Bekehrung und Beßerung der Menschen, wie zur Verherrlichung seines Vaters etwas beytragen konnte. Unermüdet lehrte er in ganz Judäa und Galiläa, in Städten, Flecken, Feldern und auf dem Meere; er gab sich alle Mühe, die Pharisäer und Schriftgelehrten und alle Menschen zur Seeligkeit zu bringen. Mit Geduld trug er die Schwachen; die Kranken machte er heil und Niemand gieng ohne Trost und Erquickung von ihm hinweg. In allen seinen Unternehmungen trachtete er stets vor allen Dingen die Ehre seines himmlischen Vaters zu befördern; er war ihm mit inbrünstiger Liebe zugethan; rettete die Menschen vom Verderben; weihete den größten Theil seines Lebens der Beförderung des Wohls seiner Brüder und bezeichnete jeden Tag seines öffentlichen Lehramtes mit Merkmalen einer warmen und aufrichtigen Menschenliebe. Mit der größten Sorgfalt für die Seelen der Menschen

ſchen war er bemühet, die Irrthümer ſeiner Zeit zu zerſtreuen und Wahrheit und Licht um ſich her zu verbreiten. Seine innigſte Freude war es, verlorne Sünder zu rechte zu bringen, Hungrige zu ſpeiſen, Kranken zu helfen und das Verlangen der Elenden zu ſtillen. So muhvoll ſein Geſchäfte hier auf Erden war, ſo ſagte er doch: das iſt meine Speiſe, mein eifrigſtes Beſtreben, daß ich thue den Willen deſſen, der mich geſandt hat und vollende ſein Werk. Der letztere Ausdruck verdient noch einige Augenblicke unſre Aufmerkſamkeit.

Unſer göttliche Erlöſer ſagt: ich vollende, vollbringe das mir von Gott anbefohlne Werk. Das Werk, welches Gott ſeinem Sohne auftrug, war das Werk unſrer Seeligkeit. Dies hat Jeſus ganz vollbracht. Uns zu gut kam er ja in die Welt. Das iſt je gewißlich wahr und ein theuer werthes Wort, daß Jeſus Chriſtus gekommen iſt in die Welt, die Sünder ſeelig zu machen. 1 Tim. 1, 15. Uns zu gut ſtarb der Erlöſer am Kreutze und mit dem vollen Bewußtſeyn, daß er alles gethan habe, was zum Heile der Menſchen zu thun nöthig war, konnte er ſterbend ausrufen: es iſt vollbracht! Er hat alſo das ihm von Gott aufgegebene Werk vollendet.

Er

Er kam zu uns auf Erden
In niedriger Gestalt;
Voll Mühe und Beschwerden
Ward hier sein Aufenthalt;
Der ihm gegebnen Macht
Enthielt er sich mit Freuden,
Bis er durchs Todesleiden
Sein großes Werk vollbracht.

Er hats vollbracht! O bringet
Gott euren Lobgesang!
Erlößte Menschen! singet
Dem Mittler ewig Dank!
Gott, der uns nicht verstößt,
Hat uns zum Heil und Leben,
Selbst seinen Sohn gegeben;
Durch ihn sind wir erlößt.

Laßt uns jetzt, meine Theuresten! das, was ich bisher von Jesu gesagt habe, zu unsrer Belehrung und Erbauung anwenden. Auch unsre Speise oder unser vorzüglichstes Geschäfte soll darinne bestehen, daß wir den Willen Gottes vollbringen. Laßt uns an seinen Sohn Jesum Christum glauben, in unserm Glauben Tugend, Bescheidenheit, Mäßigkeit, Gedult, Gottseeligkeit und allgemeine Bruderliebe darreichen und die uns von Gott auferlegten Leiden mit stiller Gedult und Gelassenheit ertragen. Jesus ist Christus, der Sohn des lebendigen Gottes; dies zu glauben, fordert er selbst von uns. Das ist der Wille deß, der mich gesandt hat, daß, wer den Sohn siehet und glaubet an ihn, habe das ewige Leben und ich werde ihn auferwecken am jüngsten Tage. Joh. 6, 40. Dieser großen Forderung gemäß, laßt uns denn an Jesum glauben und dadurch den Willen Gottes vollbringen. Ohne Heiligung des Herzens und ohne Frömmigkeit und Tugend ist unser Glaube an Jesum nichts. Das ist der Wille Gottes, eure Heiligung, daß ihr meidet die Hurerey und ein jeglicher unter euch wisse seinen Körper rein zu behalten in Heiligung und Ehren. Wir wissen alle, was Gott von uns verlangt. Laßt uns daher der Heiligung nachjagen; denn ohne sie kann Niemand den Herrn sehen. Bey der schweren Prüfung von Leiden, die uns Gott auferlegt, wollen wir nicht durch Kleinmuth oder Ungedult und Murren uns versündigen; denn Gedult ist uns noth, damit wir den Willen Gottes thun; ruhig wollen wir dem Herrn unsre Wege empfehlen und auf ihn hoffen; er wird es dann mit uns wohl machen. Wenn wir unsre Lust an ihm haben, wird er uns geben, was unser Herz wünschet und begehret. So sey denn wieder zufrieden, meine Seele; denn der Herr thut dir Gutes; harre nur auf Gott; denn ich werde ihm noch danken, daß er meines Angesichtes Hülfe und mein Gott ist.

Nächstdem, meine Geliebtesten! laßt uns auch das Werk unsers himmlischen Vaters vollenden. Manche Menschen legen die Hand an den Pflug und fangen wohl ein gutes Werk an; aber sie endigen es nicht. Ein kleines Hinderniß, das ihnen in den Weg kommt, wirft sie in ihrem Muthe und in ihren Unternehmungen ganz zurücke. Das Wollen zum Guten haben sie; aber am Vollbringen fehlt es ihnen. So nicht, meine Theuresten! so nicht! Das angefangene gute Werk müssen wir auch vollziehen. Ausdauren und standhaftes Ausharren zieret das Werk. Niemand wird gekrönet, er kämpfe denn recht. So laßt uns denn getreu seyn bis in den Tod; wir werden dann die Krone der Ehren davon tragen. Laßt uns aus allen unsern Kräften dahin arbeiten, daß wir am Ende mit Paulo sagen können: ich habe einen guten Kampf gekämpfet, ich habe den Lauf vollendet; ich habe Glauben gehalten; dann wird uns auch beygeleget werden die Krone der Gerechtigkeit, die der gerechte Richter gibt allen, die seine Erscheinung lieb haben. Fehlt es uns hiezu noch an Kraft und Stärke — wenn wir Gott darum anflehen: so wird er uns beystehen und alles glücklich überwinden helfen. Keine Versuchung wird uns zu groß, kein Leiden zu schwer und keine Last zu unerträglich seyn; wenn uns der Allmächtige beschützt, werden wir glücklich vollenden. Nur getrost, meine Brüder und Schwestern! nur getrost! Der Herr wird uns auch jetzt nicht verlassen; mit ihm werden wir siegen und den Lohn der Gerechten davon tragen.

Hilf uns, Herr! in unserm Streit
Und laß uns nicht ermüden;
Führ uns ein zur Seeligkeit
Und nimm uns auf im Frieden.
Zeig uns jenen großen Lohn,
Der deine Kinder kronet;
Auch er, der uns versöhnet,
Stritt und ward dann gekrönet;
Laß uns, so wie er dein Sohn
Mit deinem Wort uns rüsten;
Das Fleisch mit seinen Lüsten
Beherrsche nie uns Christen.
Bring uns bald dem Ziele nah,
Herr, unser Herr, Hallelujah!
Amen!

Getreue Erzählung
derjenigen
Begebenheiten,
welche sich
zu Speyer
während des dritten Aufenthaltes
der
französischen Truppen
ereignet haben.

―――――

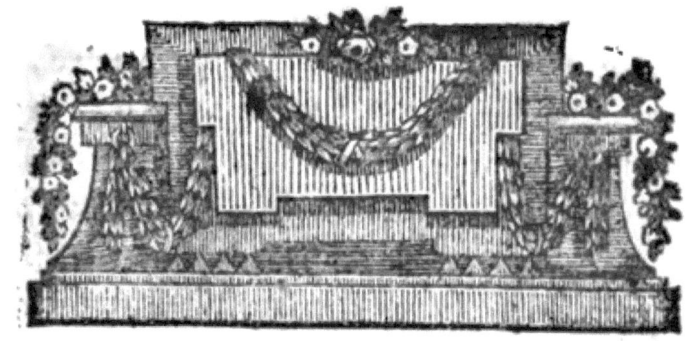

Am 29ſten Dezember des verfloſſenen Jahres begab ſich die kayſerliche Armee über den Rhein und die Preußen zogen ſich bis in die Gegend von Frankenthal zurücke. Zween Tage vorher giengen ſchon die Bagage der kayſerlichen Truppen und viele Wägen mit Kranken und Verwundeten durch unſre Stadt hindurch und dies verbreitete unter uns einen allgemeinen Schrecken. In der gröſten Eile rafte jeder das Beſte von ſeinen Habſeeligkeiten zuſammen, um es über den Rhein zu bringen und recht viele von unſern Mitbürgern und Mitbürgerinnen machten ſich ſelbſt zur Flucht fertig. Dieſe erfolgte denn auch wirklich in der Nacht vom 28 auf den 29ſten Dezember. Es war ein ſchauderhafter und rührender Anblick, Väter von Müttern und Kindern und einen Freund und Bekannkannten von dem andern sich trennen sehen, ohne zu wissen, wohin sie kommen, was in Zukunft ihnen begegnen und wie bald sie wieder einander erblicken würden. Jene Nacht, die mit Sturm und Schnee und Regen begleitet war, brachten mehrere Familien, Säuglinge und Kinder, Junge und Alte, gebrechliche und kranke Personen unter freyem Himmel, auf dem offenen Rheine zu und erwarteten unter Thränen und Händeringen den bangen Augenblick, wo sie von ihrer geliebten Vaterstadt, in der sie bisher zufrieden und im Wohlstande gelebt hatten, getrennet und in das Elend fortgejagt würden.

Am Abende des oben genannten Tages kamen gegen vier Uhr ungefähr 50 — 60 französische Husaren und Dragoner hieher und nahmen von der Stadt Besitz. Sie bewillkommten uns ganz freundlich. Doch erlaubten sich sogleich einige von ihnen, den Leuten ihre Uhren und Geldbeutels abzunehmen. Tags darauf rückten einige Bataillons bey uns ein und ungefähr 12000 bis 15000 Mann zogen neben der Stadt vorbey und giengen Mannheim zu. Bey dieser Gelegenheit haben unsre Weingärten und Baumstücke, besonders in der Gegend des Burgfeldes, so wie auch unsre Waldungen unerhört

hört gelitten. Aus den erstern wurde alles Holzwerk hinweggenommen und in den letztern wurden die schönsten Bäume umgehauen und verbrannt. Ein Schaden, der in mehrern Jahren nicht wieder ersetzt werden kann!

Die erste Forderung, die uns der fränkische Kriegskommissair Hahn machte, war, daß man Fourage für die Pferde und Essen und Trinken für die Mannschaft liefern solle. Von Generalitäts wegen wurde am 30sten der Stadt, bey Strafe militärischer Exekuzion aufgegeben, auf den 31sten Morgens früh um 6 Uhr 15000 Pfund Brod, 50 Stücke Hornvieh und einige Ohm Brantewein zu liefern und alle Fuhren in Bereitschaft zu halten. Weil dies in jenem kurzen Zeitraume von der Stadt allein nicht herbeygeschaft werden konnte: so mußten auch einige umliegende Dorfschaften dazu beysteuern und ebenfalls mit ihrem Fuhrwerke erscheinen. Noch ganz spät in der Nacht wurden die sämtlichen Stadtkassen auf Befehl der Volksrepresentanten, La Coste und Baudot, ausgeleert, worinne sich eine Summe von ungefähr 8000 fl. befand. Am 31sten wurde schon der Anfang mit Ausleerung des Doms und andrer öffentlichen Speicher und Weinkeller gemacht und damit

mit in den folgenden Tagen des neuen Jahres ununterbrochen fortgefahren.

Am ersten Jenner des 1794. Jahres brachten die Husaren mehrere Heerden Schaafe von den benachbarten Dorfschaften hier ein, die, gleichwie jeder andere Vorrath von Wein und Früchten, nach Landau und in das Elsaß abgeführt wurden. Alle Bäckereyen mußten in Bewegung gesetzt und Fleisch, Wein, Käs, Brantewein, Essig, Bier, Holz und Salz zur Genüge herbeygeschaft werden.

In der ersten Proklamazion, welche die in der feindlichen Gegend aufgestellte Kommission, um die Befehle der Repräsentanten der fränkischen Nazion bey der Rhein- und Mosel-Armee zu vollziehen, an die Bewohner Speyers ergehen ließ, gab man uns die tröstliche Versicherung: daß die fränkischen Republikaner kein Wiedervergeltungsrecht ausüben; daß sie nur für die Freyheit fechten; daß Ihnen das Eigenthum des stillen Mannes jener Gegend, die sie sich durch die Gewalt der Waffen unterwerfen, heilig, der französische Soldat großmüthig und zu dem Ende beschlossen sey, daß alle Magazine, alle öffentlichen Gebäude, alle geistlichen Häußer und alle sonst verlassene Bewohnungen unter dem Schutze der Nazion sich

befin=

befinden. Zugleich wurde auch in jener Proklamazion jeder Bewohner, der etwas von Habseligkeiten, sie mögen Namen haben wie sie wollen und dem Staate von Speyer oder der Geistlichkeit, Priestern oder Adelichen oder andern Personen, die bey der Annäherung der französischen Armee ausgewandert sind, gehören, bey sich hat, aufgefordert, alsbald die gehörige Anzeige bey der Kommission davon zu machen; dem Soldaten aber, der etwas zu rauben sich untersteht, wurde gedrohet, daß er auf der Stelle dem militärischen Tribunal übergeben werden würde. Die Munizipalität hingegen mußte augenblicklich auf Verantwortung eines jeden seiner Mitbürger ein genaues Verzeichniß von allen öffentlichen und privat Magazinen, nämlich von Kern, Feurage, Zugemüß, Mehl und andern Lebensmitteln, sie möchten heißen, wie sie wollen, von allen Arten von Kriegsmunizion und von allen öffentlichen so wohl weltlichen als geistlichen Häußern, wie auch von allen Häußern, die von Geistlichen, Adelichen oder andern Personen verlassen worden sind, einliefern.

Am 2ten Jenner fieng man schon an, die Früchte auf allen Speichern unsrer Stadt aufzunehmen. Auch mußte wieder so viel Brod ge-

gebacken werden, als nur möglich war. So
gieng es immer fort. Jeder Tag brachte neue
Forderungen; man ward nicht im Stande, Fuh⸗
ren genug herbeyzuschaffen. Täglich mußte eine
ungeheure Menge Brod, Fleisch, Brantewein,
Salz ꝛc. geliefert werden. Nicht selten wurden
auch für einzelne Soldaten Schuhe und Hemder
verlangt und das Spital für die Kranken mußte
von Seiten der Stadt mit allem, was zu sei⸗
ner Errichtung und zu seinem fernern Unterhalte
nöthig war, versehen werden. Aus den be⸗
nachbarten Dorfschaften trieb man das Vieh zu
Hunderten weis hier durch.

Weil sich die Soldaten allerley Ausschwei⸗
fungen erlaubten, ließ der Stadtkommandant
Renter am 8ten d. M. allenthalben öffent⸗
lich anschlagen, daß nicht das mindeste genom⸗
men werden dürfte, noch der geringste Schaden
anzurichten erlaubt; vielmehr eines jeden Ei⸗
genthum und Person zu respektiren bey der
strengsten militärischen Strafe befohlen sey, weil
sonst, wenn die Plünderungen so fortdauerten,
die Republik sich bald derjenigen Quellen be⸗
raubt sehen würde, die sie in dem eroberten
Lande anzutreffen gehoft habe.

Am 9ten wurde beym Handel und Wan⸗
del die Annahme der Assignaten in eben dem
Werthe,

Werthe, den das baare Geld hat, befohlen; auch wurde jeder Bewohner unsrer Stadt angehalten, ein Hemd und ein Leintuch auf das Gemeindehaus für das französische Spital zu liefern. Die Brod- und Fleischlieferungen dauerten täglich fort. Nur dann und wann wurden dazu etwas Früchte und einige Stücke Vieh von den Speichern und aus den Ställen unsrer abwesenden Mitbürger, oder, wie sie die Franzosen nannten, der Ausgewanderten hergegeben. Denn unerachtet wir ihrentwegen die kräftigsten Vorstellungen so wohl bey der Generalität als auch vorzüglich bey der Kommission zu wiederholten malen machten, daß sie nicht aus Bosheit und Abneigung gegen die fränkische Nazion; sondern aus Furcht und Angst, es möchte innerhalb der Mauren unsrer Stadt abermals zu einem hitzigen Gefechte kommen, von hier weggegangen seyen und daß sie, wenn man ihnen die Erlaubniß dazu ertheilen würde, bereit wären, alle Stunden und Augenblicke wieder zurücke zu kehren: so wurden doch ihre Häuser, Speicher und Keller rein ausgeleert. Um diese Zeit schon wurden in der Domkirche die Chorstühle, die Bilder der Heiligen, die Altäre, die Beichtstühle, die Glocken, die Orgel, die musikalischen Instrumente und alles verdorben; später hin aber wurden sie samt der Sakristey und der niedlichen Taufkapelle gänzlich zerstört. Die Bibliothek, das Archiv, die Schatzkammer, die Kapitelstube, die Kaysergruft, die Grabmäler der Fürstbischöffe, der Oelberg, kurz, alles, was sich in jenem prachtvollen Tempel befand, ist vernichtet worden. Die Bücher und im Archiv befindliche Schriften sind zum Theile eingepackt und fortgeführt worden, zum Theile aber fuhren sie auf dem Boden herum und waren mit Menschenkoth befleckt. Die Wappen wurden mit großer Mühe heruntergeschlagen und alles Eisen, Kupfer, Zinn und Bley, samt den vier großen Thurmknöpfen abgerissen und an der letztern Stelle Freyheitsbäume aufgesteckt. Nichts, als nur allein die Mauren, sind von dieser schönen Kirche, die die Bewunderung aller Reisenden verdiente, stehen geblieben. Ganz das nämliche Schicksal traf nun auch die übrigen katholischen Kirchen und Klöster unsrer Stadt. Blos die Augustinerkirche wurde, weil ihr ehrwürdiger Pater Magister Florentin Röder, hier blieb und die Seelsorge nicht blos für die hiesige Stadt; sondern für die ganze um uns her liegende Gegend, versah, bis ganz zuletzt unversehrt erhalten. Dieser achtzigjährige Greis

ver-

verlor alle das Seinige und kam dadurch in
so große Noth, daß er sich genöthiget sah,
die Munizipalität um Beystand anzuflehen.
Man wies ihm den Tisch in der obern Pfrün=
de im Burgerhospitale an und versorgte ihn
von da aus mit täglicher Speise und Trank.
Am Ostersonnabende traf ihn der härteste
Schlag. Es wurde daran seine Kirche zer=
stört; er selbst aber in den Thurm gesperrt und
Tags darauf in das Hauptquartier nach Kirr=
weiler fortgeführt. Von hier aus wurde er
an die deutsche Gränze gebracht.

Als am 19ten in der Gegend des Dom=
napfes ein Freyheitsbaum aufgepflanzt wurde,
wurden dabey unter großem Jubel der hiesigen
Garnison das bekannte Bild des h. Bernar=
dus und der Jungfrauen Maria, die Cruzi=
fixe, Chorbücher und was dergleichen in der
Domkirche befindliche Sachen waren, verbrannt.
Tags darauf wurde verlangt, daß jeder Bür=
ger und Bewohner unsrer Stadt, wenn er mehr
als ein Paar Schuhe hat, sie für die fränkische
Truppen auf das Gemeindehaus liefern soll.
Eben so sollte man auch alle Schauffeln, Hacken
und Schubkärche — deren im Ganzen eine
Summe von 1000 Stücken gefordert wurden —
dahin bringen. Das Lager= und Kaufhaus
wur=

wurden rein ausgeleert und die darinnen befindlichen Waaren nach Landau gebracht. Einige Zeit darauf wurde auch der Kranen verdorben; man hat die Seiler, die große Kette samt den Klampen und den dazu gehörigen Rollen hinweggenommen und die große Wage und Gewichtsteine und alle Schifsseile, Anker und Ruder fortgebracht. Handel und Wandel haben hiedurch einen unbeschreiblichen Schaden gelitten!

Am 21sten mußten unsre Handelsleute allen ihren Vorrath von Tüchern, Leinwand, Wollenwaaren, Kanefas, Oel, Reis, Gersten, Zwetschen, Zucker, Kaffee und die sämtlichen Gerber und Schumacher alle ihre Häute und Lederwaaren der Kommission einliefern. Der Verlust, den hier unsre Stadt gehabt hat, ist unbeschreiblich.

Am 24sten fieng man an, aus den Häusern der Ausgewanderten alles, was sich darinne vorfand, abzuholen und in die Domkirche zu führen, allwo es nachmals auch versteigert worden ist. Alle Meubles, Bettung, Weißzeug, Kleidungsstücke, Eßwaaren, Kupfer, Zinn, Wein, Früchte, Heu, Stroh, Vieh kurz alles wurde aus jenen Häußern hinweggenommen. In einigen wurden selbst die Oefen ab abgebrochen und die Fensterschelken ausgehoben und die Soldaten hieben hie und da die Stubenböden, die Wände, Läden und Fensterstöcke zusammen; sie hoben an einigen das Dach ab und ließen nichts als die vier Mauren stehen. Die Petschische Eßigfabricke wurde gänzlich zerstört.

Am 26ften wurde auch die größte Glocke in der lutherischen und Tags darauf in der reformirten Kirche herunter gemacht, mit dem Versprechen, uns die übrigen zu lassen. Einige Tage darauf kam ein neuer Kommissair, Namens Munier, hier an und dieser ließ uns — so sehr wir dagegen Vorstellungen und Bitten anbrachten — auch die andern herunterwerfen. So ergieng es mit allen Glocken in allen Kirchen. Wir haben nun gar kein Geläute mehr. In der reformirten Kirche wurde der Klubb gehalten.

Eine der härtesten Forderungen betraf uns am 31sten Jenner Abends um 6 Uhr. Dumoulin, der Agent des Ausschusses des öffentlichen Wohls, verlangte von uns eine Brandschatzung von 400,000 Livres, die innerhalb 3 Stunden erlegt werden sollte. Man machte dies augenblicklich allen Bürgern und Bewohnern der Stadt bekannt. Jeder that, was in

seinen Kräften stand. Der Reiche wie der Arme
wett iferten, ihre Gabe darzubringen. Jeder
wollte größeres Unglück und Gefahr von sich
und der Stadt entfernen. Bis Abends 11 Uhr
brachte man in Assignaten und baarem Gelde
1,20000 ℔. zusammen. Die Sammlung mußte
den andern Tag fortgesetzt werden und die
Summe stieg bis auf 152,000 ℔. Man sprach
uns, all unsrer Bitten und Vorstellungen unge-
achtet, noch nicht frey. Es kam im Gegen=
theile am 2ten Febr. von Germersheim,
als wohin Dumoulin Abends vorher ge-
reißt war, die Drohung, daß, wenn man die
geforderte Summe innerhalb 24 Stunden nicht
erlegen würde, die militärische Bestrafung un-
verzüglich erfolgen solle. Man bot nun aufs
Neue allen Bürgern auf; wendete sich mit
mündlichen und schriftlichen Vorstellungen und
Bitten an die Kommissair; diese, überzeugt,
daß unsre Aussagen gegründet seyen, gab den
Rath, die Bürgerschaft solle nach Neustadt
an den Agenten selbst schicken und ihm schriftlich und mündlich ihr Unvermögen, mehreres
zu geben, vorstellen. Man thats. Man stellte
dem Dumoulin vor, daß wir nunmehr ganz
erschöpft seyen, und daß er die ungeheuren Lieferungen, die wir bisher gemacht hätten, über-
den=

denken und dabey nicht vergessen solle, daß die Brandschatzung nur auf einen ganz kleinen Theil der Burgerschaft falle. Dumoulin gab nach und verlangte nur noch 12000 L. Wir sammelten sie und erhielten endlich die Versicherung, daß wir weiters wegen der Brandschatzung nicht mehr angefochten werden würden. Die ganze Summe, die wir geliefert haben, beläuft sich auf 164,648 L. Bey dieser Gelegenheit ertheilte man uns auch die tröstliche Versicherung, daß man uns weiter mit nichts mehr beunruhigen wolle und daß der Stadtkommandant alle seine Macht anwenden soll, um diejenigen mit ihren Forderungen abzuweisen, welche kein Recht haben, von uns etwas zu verlangen.

Nun glaubten wir Ruhe zu haben; allein dies geschah nicht. Man nahm uns auch unser Vieh. Es durfte Niemand mehr als Eine Kuhe behalten und die Pferde wurden auch fast alle samt den Wägen und Kärchen fortgeführt.

Am 10ten Februar mußte jeder Burger und Bewohner unsrer Stadt seinen Vorrath an Früchten, Heu und Stroh auf dem Gemeindehause bey 300 fl. Strafe getreulichst anzeigen. Tags darauf nahm die Kommission alle Weine in Beschlag und ließ zu dem Ende den Verkauf derselben so wohl in größern als kleinern Parthien bey militärischer Strafe verbieten. Man bat die Kommission aufs bringendeste, daß sie uns doch nicht ganz zu Grunde richten sollte. Der Präsident Mang nahm unsre Bittschrift, die wir ihm deßhalb überreichten, mit vielem Nachdenken an, versprach sie nach Landau zum Komite Central zu schicken und abzuwarten, was er hierauf für einen Bescheid erhalten würde; allein noch an dem nämlichen Tage wurden die Weine abzufassen angefangen. Zu gleicher Zeit legte man auch der Burgerschaft auf, 2400 Hemder und 600 Leintücher zu liefern. Oefters hatte man schon aus den Kellern der Ausgewanderten halbe Fuder und andre kleine Fässer abholen lassen; am 13ten Febr. aber wurde befohlen, daß man vollends alle und jede Fässer dieser Art ohne Ansehen der Person le:eben soll. Und nun gieng es in die Keller und die Weine wurden in aller Eile aus denselben herausgeschaft. Um eben diese Zeit nahm man auch alles Stroh, Heu und Klee aus den Scheuren und Speichern hinweg. Selbst die noch unausgedroschenen Früchte wurden zum Theile fortgeführt und zum Theile dem Viehe vorgeworfen.

In

In dieser traurigen Lage wendeten wir uns mit einer nachdrücklichen Vorstellung an den Nationalkonvent zu Paris selbst; allein wir erhielten darauf weder eine Antwort noch Linderung unsers harten Schicksals. Mit jedem Tage wurden unsre Leiden größer.

Mit dem Anfang des Monat März hob man an die **eisernen Reife** in den Kellern der Ausgewanderten von den Fäßern herunter zuschlagen; in ihren Häußern aber wurden die eisernen Gitter von den Fenstern, die Schlößer an den Stuben und Kammern, ja sogar die meßernen Griffe und Klopfer an den Hausthüren abgemacht und die Fenster, Kreutzstöcke und Mauerschränke zusammengehauen. Die besten Zimmer wurden zu Pferdställen gebraucht, und es war nichts ungewöhnliches, daß die Pferde zu den Fenstern heraus sahen. Der Wirtembergerr Pfleghof, die Pfalzkellerey und das Fürstenhaus sind fast ganz ruinirt. Alle Schmidte, Schloßer, Maurer und Zimmerleute von hier und den umliegenden Dorfschaften wurden zu jenen sauren Arbeiten angestellt. Kam Einer nicht: so wurde er alsbald ins Gefängniß gebracht. Es ist nicht zu glauben, wie viele Frohndienste von den hiesigen Bürgern und benachbarten Dorfleuten geleistet werden mußten.

mußten. Die Munizipalität ward nicht im Stande, so viele Arbeiter herbeyzuschaffen, als man täglich von ihr verlangte. Dies zog ihr öfters den größten Verdruß zu und fast wäre es zu zweymalen geschehen, daß die vorzüglichsten Glieder derselben deßhalben in den Thurm wären gesperrt worden.

Mehr als einmal wurden so wohl bey der hiesigen Kommission als auch zu Germersheim und Landau bey dem Komite Central Bitten, um Linderung unsres harten Schicksals, schriftlich und mündlich angebracht; sie waren aber allemal fruchtlos. Man gab uns die feinsten Versprechungen und leerte uns nach und nach unsre Häuser, Speicher, Keller, Scheuren und Ställe rein aus. Es war der Kommission alles anständig. Sie nahm selbst Krapp und Toback. Mehrere Fässer voll wurden von diesen beeden Artikeln aus der Uslaub- und Menzerischen Fabrike in das Elsaß abgeführt.

Am 5ten März nahm die allgemeine Hausuntersuchung ihren Anfang. Sie geschah in Beyseyn eines Agenten der fränkischen Kommission, eines Munizipals oder eines andern Burgers unsrer Stadt und einiger Soldaten. Kupfer, Zinn und Eisen, Hemder, Leintücher,

Ser-

Servietten, Strümpfe, Kappen, Häte, Kleidungsstücke, Stiefel, Schuhe, Bettung, Matrazzen, Teppiche, Erbsen, Linsen, Mehl, Früchte, Butter, Schmalz, Oel, Eyer, Zucker, Caffee, Reis, Gersten, Fleisch, Toback, Krapp, Garn, Flachs, Hanf, Werg, Gold und Silber, kurz alles, was man versteckt oder offen da stehend fand, wurde aus den Häusern herausgeschleppt und entweder in das Kommissionshauß oder in die Domkirche gebracht. Da halfen weder die Bitten und das Händeringen der Alten, noch das Schreyen und Weinen der Kinder etwas. Als die Munizipalität sich an die Kommissairs wendete und den gänzlichen Untergang und die drohende Armuth der Stadt vorstellte, ertheilten sie die Antwort: Ihr sprecht immerhin von Eurer Armuth und Eure Klagen, daß man Euch so vieles nimmt, beweißen gerade, daß Ihr nicht arm seyd. Noch immerhin findet man großen Vorrath und Ueberflus in Eurer Stadt. Wenn Ihr, wie Ihr vorgebt, wahre Republikaner seyd: so müßt Ihr alles gerne und williglich hergeben und Euch eben so für die Republik aufopfern, als wir. Seht! das, was wir um und an uns haben, ist unser ganzer Reichthum. Der beste Patriot ist der Ohnehosen.
Wir

Wir nehmen Euch alles, was die Nazion brauchen kann. Dies ist der Auftrag, den uns der Nazionalkonvent gegeben hat — wenn wir es nicht thäten, wäre unser Kopf in Gefahr. Euer Leben soll in Sicherheit seyn. Wir machen es nicht, wie der Feind, der zuerst das Eigenthum raubt und dann auch noch die Person des Eigenthümers beleidigt und gar oft darnieder stößt. Werdet Ihr dabey arm: so wißt, daß dies Folgen des Kriegs sind; es gieng uns ja im Elsaß auch nicht besser. Tröstet Euch damit, daß Euer Grund und Boden reich und gesegnet genug ist, Euch dies alles wieder zu geben. Dies ist unser Endentschluß.

Am 9ten März mußte auf Befehl des Stadtkommandanten an den Haupteingang eines jeden Haußes auf einem Blatt Papier der Vor- und Zunamen der Personen, die darinnen wohnen, angeheftet werden. An den Häusern der Ausgewanderten wurde mit großen Buchstaben angeschrieben: Maison d'un Emigré. War eine dergleichen Bewohnung mit französischen Truppen besetzt: so bekam sie die Ueberschrift Maison d'un Emigré, habitée par les troupes de la Republique française. Wer diese Verordnung innerhalb 24 Stunden nicht befolgt hätte, wäre dem Revoluzionsgerichte überantwortet worden. Nun waren die Häußer der Ausgewanderten vollends der Verwüstung Preis gegeben. Man nahm von Seiten der Kommission alles daraus hinweg und jeder Soldat erlaubte sich, darinnen die gröſten Ausschweifungen. Zwar unterließ es die Munizipalität nicht, Gegenvorstellungen deßhalb zu thun. Man sprach sogar die Generalität, die an vielen Dingen kein Wohlgefallen hatte, um Unterstützung an; allein sie war zu helfen außer Stande. Das Ausleeren und Verwüſten dauerte nach wie vor fort. Sogar der S p i t a l und das W a y ß e n h a u ß mußten sich alle ihre Früchte, ihr Heu und Stroh, ihre Weine und Vieh nehmen laſſen. Man achtete weder die Vorſtellungen der Vorgeſetzten jener milden Stiftungen, noch das Weinen und Klaggeschrey der Armen. Es durchschnitte Mark und Bein, da, als man im Wayſenhauße die Früchte zu faſſen anfieng, die ſämtlichen Kinder ſich mit aufgehobenen Händen zu dem Kommiſſair hindrängten und ihn unter Thränen und Schluchzen baten, daß er ſie doch nicht ganz ſollte Hungers ſterben laſſen. Schnöde ſties er ſie von ſich zurücke und befahl dem

Way-

Waysenvater, er sollte sie in ihre Stuben zurücke bringen; ihr Geschrey und Geheil nütze nichts; er wolle ihnen ein Häufchen Korn und Spelz zurücke lassen und damit müßten sie sich begnügen. Das nämliche geschah auch im Spital. Für die sämtlichen Pfründner und sonstige zahlreiche Hausarmen, die von daher Brod empfangen, blieben nicht mehr als 45 Säcke Früchte zurücke. Im Rathshaus- und Gutleutallmosen-Keller giengen die Weine ebenfalls verloren.

Gegen den 20sten März hin kam von dem General en chef Michaud, aus dem Hauptquartier zu Kirrweiler der Befehl an, daß man alle Gewehr und Säbels, alles Pulver und Bley und alles, was Kriegsmunizion ist und heißt, einhändigen sollte. Die Kommission hat längst vorher schon das nämliche verlangt; diesmal aber wurde es unter der Bedrohung befohlen, daß demjenigen, der es nicht thue und man bey der deshalb zuveranstaltenden Haußuntersuchung doch noch dergleichen bey ihm fände, sein Hauß soll niedergerissen werden. Die Haußuntersuchung wurde auch wirklich vorgenommen.

Am 29sten durchsuchte Munier das Gemeindehauß in eigener Person auf das genaueste. Er nahm die zinnernen Kannen, die auf dem Speicher standen und die Wage und das Gewicht, welche man vom Kaufhauße aus hieher, der Sicherheit halber, hatte bringen laßen, zu sich und schrieb alles auf, was er fand. Doch gab er uns nachher die Wage und das Gewicht gegen den Ersatz von 95 Pf. anderm Kupfer wieder zurücke. Eben so mußten wir unsre Bücher aus der Rathsbibliothek, die an Ausgewanderte verlehnt waren und mit ihrer Habseeligkeit in den Dom zur Versteigerung gebracht worden sind, mit 100 L. auslösen.

Am 1sten April fiengen die Soldaten an, die Dächer von den Häußern der Ausgewanderten abzubrechen und vollends alles darinnen niederzureißen. Es finden sich wirklich ansehnliche Wohnungen hier, von denen nichts mehr als die Mauren stehen. Auf das dringende Bitten einiger hiesiger Bürger wurde jedoch am dritten April mit dem Einreißen Einhalt gethan. Um die nämliche Zeit leerte man nun vollends alle Mühlen aus und das hie und da bey dem ersten Wegführen den Bürgern zurückgelaßene Fourage — es sey so wenig als es wolle — wurde ebenfalls abgeholt. Weil nun der Wein in den Kellern allenthalben fort war und die Kommißion keinen mehr an die Mar-

ke=

Retender abgeben konnte, mithin die Soldaten Seinen mehr um Geld zu erhalten im Stande waren: so drangen die letztern zur Nachtzeit in großen Schaaren in die Keller ein und nahmen den Leuten vollends die Paar Ohme, welche ihnen die Kommission übrig gelassen hatte. Fanden sie dabey Fleisch oder sonst etwas, das ihnen anständig war: so steckten sie es ebenfalls zu sich. Sie drangen zu dem Ende auch in die Gärten ein und nahmen alles Pflanzwerk und alle Schlößer mit und Stühle, Bänke und Tische und was sie sonst antrafen, zernichteten sie. Je seltener die Lebensmittel wurden, desto häufiger wurden die Diebstäle.

Am 4ten April wurde auch die Gewürzmühle zu Grunde gerichtet und daraus alle Mörsel und alles Eisen und Bley weggenommen. Am 5ten wurde nun auch die letzte Kuhe und das letzte Pferd aus den Ställen eines jeden Eigenthümers abgeholt. Wer indessen eine Kuhe zu seinem nothdürftigsten Unterhalte geschlachtet hatte, wurde auf die Wache oder in den Thurm geschleppt und nur erst, wenn er sie mit baarem Gelde bezahlt hatte, wieder loßgelassen. Hiedurch stieg unsre Noth bis auf den höchsten Gipfel. Mancher Arme lebte fast allein

von

von seinem Stückvieh und nun verlor er auf einmal seine ganze Nahrung.

Alle gute Aussichten in die Zukunft sind uns ganz verschwunden. Es war nicht genug, daß man unsern geflüchteten Mitbürgern ihr Handwerkszeug wegnahm; auch diejenigen, die da geblieben sind, verloren davon heute dieses und morgen jenes Stück. So mußten sie z. B. Schraubstöcke, Hämmer, Zangen, Meisel, Zimmerbeile, Aexte, Ambos, Horn ꝛc. nach Germersheim einliefern. Wenn also auch künftighin etwas zu verdienen wäre: so fehlt es ihnen an den dazu gehörigen Werkzeugen. Und unsre Felder — wie übel sind nicht diese zugerichtet? Mancher Acker kann für dieses Jahr gar nicht gebaut werden, theils weil es am Vieh fehlt, theils aber weil er ganz zusammengetreten ist. Als man vor dem Wormser Thore und im Burgfelde Batterien aufwarf, hieb man die schönsten Baumstücke mitten in ihrer Blüthe von Grund aus um und bey Schleifung des Landauer Wartthums und des daranstoßenden churpfälzischen Zollhaußes wurde ein schöner Theil des Saatfeldes verdorben. Den heranwachsenden Klee und sonstigen Früchte mäheten die Soldaten für ihre Pferde ab und allenthalben sahe man Ochsen und Pferde auf den Aeckern

die

die Saat abfressen. Von unsern Waldungen wurden ein Morgen nach dem andern umgehauen und öfters entstand darinnen ein Brand, der große Strecken davon verzehrte. Vor dem Wormser-Thore wurde die Bach so angeschwellt, daß die aufgeworfenen Gräben samt den daran stoßenden Wiesen und Aeckern, der dem Galgenfelde zuführende Weg und die Chaussee ganz überschwemmt wa. d. Hinter der steinernen Brücke, die auf den Weg nach Mannheim führt, ist eine hölzerne, die man alsbald wieder abbrechen konnte, aufgeschlagen und der darunter hergezogene Graben mit Wasser und spanischen Reutern ausgefüllt worden. In der Gegend vom grünen Winkel schlug man aussen an den beyden Riegels einen Damm, um den sogenann. Esel unter Wasser zu stellen. Die Landwehre von der Mannheimer Warthe bis nach Duttenhofen, der Wasen des Nachrichters und der Forlewald wurden umgehauen und die Bäume kreutzweise über einander hingelegt. Die ganze Bürger- und Einwohnerschaft mußte stets über den andern Tag schanzen gehen. Oefters nahm man die Leute von den Straßen und aus den Häußern hinweg und führte sie an die Redouten. Unsrer Kirche und dem Gemeindehause ward stets Schonung versprochen; nichts desto weni=

weniger wurde um Ostern alles Bley vom Jörgenthurm sowohl als vom Kirchthurm abgebrochen und das eiserne Gekrimms an der Kirchhofmauer und an der Treppe des Gemeindehauses heruntergeschlagen. Unter dem Vorwande, als wenn unter den Assignaten, die wir bey der Brandschatzung eingeliefert haben, sich für 3020 Liv. falsche, die zu Paris verbrennt worden wären, befunden hätten, forderte Dumoulin am 21sten April von uns noch einmal eine Summe von 3020 Liv. und ob es gleich an dem nämlichen Tage bey Strafe des Gefängnisses befohlen war, daß Niemand die Assignaten dem baaren Gelde nachsetzen dürfe: so beharrte man gleichwohl — wir mochten sagen, was wir wollten — auf der klingenden Münze. Bey der Auslieferung der Summe nahm man endlich doch für 1000 L. Papier an.

Es sollte kein Tag unsrer Prüfung ohne ein neues Leiden vorüber gehen. Dies war denn auch der Fall bey uns am ersten Tage des Monats May. Abends zwischen 7 und 8 Uhr kam der Stadtkommandant Regnaud auf das Gemeindehaus, versammelt daselbst 20 — 24 Mann Wache und zeigte uns an, daß wir aufs Neue eine Contribuzion von 100,000 Liv. innerhalb 24 Stunden zu erlegen angehalten wären. Er wollte

wollte schon keinen mehr von der Munizipalität entlassen; es sollte alles in der gröſten Eilfertigkeit innerhalb 3 Stunden zusammen gebracht werden. Man bewies ihm hievon die Unmöglichkeit und bat um Auffschub bis auf den andern Morgen, den wir denn auch mit genauer Noth erreichten. Mit Anbruch des Tages gab die Munizipalität ihren Mitbürgern davon Nachricht. Jeder brachte Geld und Aſſignaten, so viel er nur auftreiben konnte. Bis Abends um 5 Uhr war eine Summe von 75698 Liv. beysammen. Damit wurden ohne allen Unffchub einige Bürger ins Hauptquartier nach Kirrweiler geschickt. Der Stadtkommandant ließ indessen um Mitternacht die ganze Munizipalität und einige der vornehmsten Bürger der Stadt aus den Bettern holen, um zehen davon als Geisel fort zu schicken. Das Loos traf die Bürger Uß laub, Michael Freytag, Leschmann, Mathäus Drexel, Becker, Klaus, Christoph Wilhelm Scharpf, Carl Alexander Holzmann, Haufer und auch mich. Gegen 3 Uhr des Morgens packte man uns am dritten May auf einen Wagen und schickte uns so unter einer Bedeckung von sieben Reutern nach Landau. Um 9ten May kamen uns vier neue Geisel von Seiten des Domka-

pitels

pitels nach, nämlich der Hausmeister Beyderlinden, der Stuhlbruder Depres, die Frau Amtskellerin Hepp und eine Magd aus dem Kloster zu Sankt Magdalena. Weil die Assignaten in Kirrweiler nicht angenommen wurden, war keine Hofnung zu unsrer baldigen Auslösung vorhanden. Wir thaten in Landau beym comite central alle nur mögliche Vorstellungen so wohl schriftlich als mündlich; allein sie waren insgesamt fruchtlos. Es sollte und mußte die volle Summe in baarem Gelde erlegt werden. Zu dem Ende wurden denn am 13ten May die Burger Freytag, Drexel, Holzmann und ich gegen Kauzion auf einige Tage nach Speyer geschickt, damit wir uns allda erkundigten, was für Maasregeln zu unsrer Auslösung getroffen würden. Eine kleine Strecke vor Weingarten begegnete uns der Burger Kämmich, der durch einen Gendarme ebenfalls als Geisel nach Landau gebracht wurde. Bey unsrer Ankunft zu Speyer erfuhren wir, daß durch die redlichen Bemühungen unsrer Gattinnen und Freundinnen abermals eine Summe von 17,457. Liv. zusammen gebracht worden sey. Damit kehrten wir am 15ten May nach Landau zurücke; am 16ten überbrachten wir sie nach Kirrweiler und Holzmann und

G 4

ich bekamen unsre Freyheit und die Erlaubniß nach Speyer zurücke zu gehen.

Während dieser Zeit ereignete sich hier allerley. Der fränkische Kommissair Moulin verlangte, daß die Stadt diejenigen rückständigen Abgaben an die Nazion erlegen solle, welche sie dem Kayser und dem Churfürsten von der Pfalz und einzelne Bürger dem Domkapitel und den Stiftern zu bezahlen verpflichtet wären. Man bewieß ihm, daß Speyer nur allein an den oberrheinischen Kreis 24 fl. alle Jahre zu erlegen habe, zahlte sie ihm für das rückständige Jahr aus und die Müller mußten den auf ihren Mühlen haftenden und dem Klerus zugehörenden Pacht in Geld bezahlen.

Am 11ten May wurde das churpfälzische Zollhaus in Brand gesteckt und fast ganz abgebrennt. Am 15ten kamen die Agenten der Kommission, Villante und Lindemeyer von Weingarten herein und ließen ausschellen, daß alles noch vorräthige Zinn, Kupfer, Meßing und Bley sogleich aufs Gemeindehaus geliefert werden solle und zwar unter der Bedrohung, daß, wenn man bey einer vorzunehmenden Hausuntersuchung noch etwas dergleichen fände, der Eigenthümer augenblicklich nach Strasburg abgeführt werden würde. Am 15ten und

und an den folgenden Tagen wurden die Glocke und Uhr samt dem eisernen Gekrimms auf dem Altpörtel heruntergenommen; in der lutherischen Kirche aber die zinnernen Orgelpfeifen ausgehoben, das Bley und die Fenster weggerissen und unersetzlicher Schaden angerichtet. Der Jörgenthurm hatte mit andern Thürmen der Stadt gleiches Schicksal der Verhörung. Vermöge vier verschiedener Requisizionen mußten die heiligen Gefäße samt den Kelchen, welche die protestantischen Prediger zur Krankenkommunion in ihren Häusern hatten, hergegeben werden.

Am 22sten May erschien der Stadtkommandant auf dem Gemeindehause und zeigte uns an, daß, wenn die Kontribuzion nicht innerhalb 24 Stunden erlegt seyn würde, würde er aufs Neue 4 — 5 Geisel nach Landau führen lassen und damit täglich fortfahren; jeder Tag des längern Aufschubs aber würde der Stadt 10000 Liv. weiter kosten. Tags darauf entstand Morgens um sieben Uhr ein Allarm. Eine halbe Stunde vorher hörten wir in unsrer Nachbarschaft eine sehr lebhafte Kanonade. Die Munizipalität und die vorzüglichsten Bürger der Stadt mußten sich sogleich auf dem Gemeindehause versammeln, allwo sie scharf bewacht wurden. Um 9 Uhr wurde auf Befehl des Stadtkommandanten durch die Schelle bekannt gemacht, daß Niemand bey Todesstrafe sich an den Fenstern, vor den Hausthüren oder auf der Straße soll sehen lassen. Bald darauf sind die Bürger Carl Alexander Holzmann, Karr, Kuhlmann und Bartholomäus Böhm als Geisel nach Landau abgeführt worden. Um halb zehn Uhr zogen zwey Bataillons, die in der Stadt lagen, eiligst zum Wormserthore hinaus. Mittags gegen zwey Uhr wurde es wieder stille; Abends um 5 Uhr wurde die Wache vom Gemeindehause hinweggenommen und die Munizipalität wieder in Freyheit gesetzt und um 8 Uhr zogen auch die ausgerückten 2 Bataillons wieder in die Stadt herein.

Am 24sten holte man Morgens um 3 Uhr die Munizipalität abermals aus den Bettern heraus; sie wurde wieder durch zehn Mann auf dem Gemeindehause bewacht. Die Truppen rückten aus. Um 2 Uhr kamen sie wieder zurücke und die Munizipalität wurde entlassen. Abends zwischen 6 und 7 Uhr entstand schon wieder ein neuer Allarm. Einige Truppen zogen ab und andre kamen an; die Equipage und alles flüchtete sich eiligst von hier hinweg. Man führte uns unter vielerley Dingen auch noch unsre Feuerspritzen fort. Der Buchdrucker hatte ganz zuletzt das Unglück, den größten Theil seiner Lettern einzubüßen. Die wenigen Pferde, welche wir noch hatten, mußten wir zum Vorspann hergeben und bekamen, leider! keines mehr zurücke. Die Munizipalität mußte sich augenblicklich wieder versammeln und die ganze Nacht hindurch auf dem Gemeindehause verbleiben. Am folgenden Morgen um 3 Uhr zog das erste Bataillon von hier ab und um sieben Uhr folgten alle übrigen nach. Plötzlich entstand ein Feuerlärmen. Die Domdechaney und Domprob=

probſtey brannte in hellen Flammen und beyde Häuſer wurden gänzlich in die Aſche gelegt. Sieben franzöſiſche Reuter, die beym Abzuge zurücke geblieben ſind, plünderten hie und da noch und forderten den Leuten Wein, Geld und Aſſignaten ab. Um zehn Uhr ſetzte eine Kompagnie darmſtädtſcher Infanterie unter Kommando des Hauptmanns von Schmahlkalders am Luſtheimer-Fahrte über den Rhein herüber, die auch um 11 Uhr in die Stadt einzog. Nachmittags um halb 2 Uhr kamen ein Rittmeiſter und 9 von Erdödy Huſſaren hier an und um 3 Uhr hatten wir das Glück, den heſſendarmſtädtiſchen General von S ch m a h l k a l d e r, Abends aber um 5 Uhr den kayſerliche General von H o tz e mit ihren Truppen hier zu ſehen.

So lange die fränkiſchen Truppen hier waren, mußte von der Stadt au die Kommiſſion, an einzelne Generäle, an den Kommandanten, an die Kriegskommiſſair alles nöthige Papier, Federn, Siegellack und Dinte, Lichter und in den erſtern fünf bis ſechs Wochen auch das Holz und an die Wachen und Vorpoſten Oel, Lampen, Tochte und alles irdene Geſchirr und eben ſo auch ſechs Wochen lang das Holz geliefert werden. Nicht ſelten muthete man uns zu, daß wir Lieferungen dieſer Art auf die Dorfſchaften, ja ſelbſt bis G e r m e r s h e i m machen ſollten. Durch wiederholte Aufgebote hat man nach und nach alle Säcke von den Bürgern herausgepreßt. Alle Arbeitsleute mußten ohne Aufhören Frohndienſte verrichten. Die Schreiner mußten Küſten und Verſchläge, worinnen Habſeeligkeiten aller Art fortgeſchickt wurden, unentgeltlich verfertigen und wenn ſonſt etwas für das Militair zu machen war: ſo mußte es auf Koſten der Stadt geſchehen. So wurden wir nach und nach gänzlich erſchöpft und in die größte Armuth verſetzt. Der Mangel
wurde

wurde auf den umliegenden Dorfschaften so groß, daß verschiedene Menschen Hungers starben. Es traf ganz bey uns ein, was uns öfters vom Militair und andern Personen gesagt wurde: es soll Euch nichts übrig bleiben als Eure Augen, damit Ihr Euer Elend beweinen könnt. Man sahe Leute nach Brod gehen, die sonst im Stande waren, andern von ihrem Vorrathe mitzutheilen. Was unsre Leiden noch vergrößerte, waren heftige Krankheiten, nämlich Flecken und Friesel, die die besten Bürger in der Mitte ihrer Jahre dahinrafften. Ist Speyer in seinem Wohlstande ein Gegenstand der Bewunderung aufmerksamer Reisenden gewesen, so ist es jetzt in seinen Ruinen ein Gegenstand des Mitleidens für alle Freunde und Wohlthäter der leidenden Menschheit!